한국 사찰의 주련

(韓國寺刹의 柱聯)

. . . .

(제 2 집)

권 영 한 지음

🎋 전원문화사

머 리 말

《한국 사찰의 주련》 제1집이 나온 지 약 1년 만에 다시 제2집을 발표하
게 되어 감회가 깊다.

제2집의 발간을 위해 많은 성원과 협조를 아끼지 않으신 여러 스님들과
불자들에게 오직 감사드릴 뿐이다.

지면 관계로 제1집에 수록하지 못한 내용들을 정리하여, 제2집을 책으
로 묶고 보니 제2집으로서도 역시 소개 못 하는 사찰과 그 사찰의 주옥
같은 주련이 아직도 많이 남아 있다.

이는 다시 제3집에서 발표할 기회가 생기기를 바랄 따름이다.

조용한 고찰을 찾아가 기둥에 걸려 있는 글귀를 가만히 읽어 보면 한없
이 큰 환희심이 마음속 깊은 곳에 생겨난다.

그 글을 적은 분의 마음과 내 마음이 서로 교합(交合)하는 것만 같다.

너무나 감동적이고 너무나 환희롭다.

이 환희로운 마음 어떻게 표현하리!

그래서 나는 약 20여 년 전부터 전통사찰(寺刹)의 현판(懸板)과 주련
(柱聯)들을 하나하나 본격적으로 조사하고 수집하기 시작하였다.

처음에는 필사(筆寫)하였으나, 몇 해 전부터는 사진으로 찍어 왔다.

그리하여 20여 년 간 모은 주련이 약 300여 개 사찰의 것에 이르렀다.

주련의 글귀는 해석하기에 어려움이 있는 것은 물론이지만, 읽기조차
힘든 경우가 많다.

지금은 잘 쓰지 않는 고자(古字)와 특별한 초서체(草書體) 등은 글자

자체가 어떤 글자인지 알기 힘들었다.

내용도 경전(經典)이나 논장(論藏) 등에 있는 글은 원전을 찾아서 해석하였으나, 스님들의 오도송(悟道頌)이나 열반송(涅槃頌) 등은 그 글을 쓴 분의 오묘한 경지에 들어가지 않고는 도저히 이해 못 할 격외(格外)의 구절들이어서 쉽게 손을 댈 수 없었다.

그러나 다행히 많은 큰스님들의 도움으로 이 작은 책자가 독자들 앞에 나오게 된 것을 무척 다행으로 생각한다.

이 책을 편집하는 데는 제1집에서와 같이 다음 원칙을 지켰다.

1. 고찰(古刹)의 주련을 주로 수집하였다.
2. 각 사찰 전각에 실제 적혀 있는 상태를 그대로 조사하였으므로, 같은 주련이라도 사찰이 달라지면 몇 번이고 다시 소개하였다.
3. 고승들의 오도송이나 열반송 등은 글자 해석에만 그쳤다.
4. 가급적 내용에 주석을 달지 않은 것은 독자들 스스로 생각할 공간을 넓히기 위해서였다.
5. 초심자와 한글 세대들을 위해서 어려운 낱말과 한자에는 해설을 붙였다.
6. 처음 조사하였을 때와 지금의 상태가 사찰의 증축과 보수로 조금 달라진 것이 있다면, 이는 추후 보완하기로 한다.

앞으로 이미 모아둔 자료와 새로 모을 자료를 정리해서 제3집을 더 발간해서, 많은 불자(佛者)들과 이 방면에 관심이 있는 분들의 참고가 되게 하고자 한다.

1997년 4월 8일

大哉堂人 靑南 權 寧 漢

차 례

태 화 산 광 덕 사
泰和山 廣德寺

충청남도 천안군 광덕면 광정리
(광덕산 남쪽 중턱에 있는 절)

대한불교 조계종 제6교구 본사인 마곡사의 말사이다.

652년에 자장율사(慈藏律師)가 창건하였고, 그 후 진산화상(珍山和尙)이 중건하였다.

임진왜란이 일어나기 전까지만 해도 충청도와 경기도 지방에서 가장 큰 사찰의 하나로 손꼽혔고, 사찰 소유 토지가 광덕면 전체에 이르렀다고 한다.

임진왜란 때 절 대부분이 소실되어서 그 후 중창하였으나, 그래도 많은 문화재가 아직 많이 남아 있다.

조선 세조 어첩에 의하면 1457년 세조가 온양 온천에 왔다가 이 절의 부처님 치아와 사리를 친견한 뒤, 광덕사와 개천사(開天寺)의 부역을 면제시켜 주고, 위전(位田)을 내렸다고 한다.

이 절 일대에는 호두나무가 많기로 유명한데, 대웅전 앞에 있는 거대한 호두나무는 지금으로부터 약 700여 년 전 유청신(柳淸臣)이 중국에서 처음 들여 와 심은 것이라고 전해지고 있다.

천안 명물인 호두는 바로 여기서 비롯되었다.

普化門 보화문

報化非眞了妄緣　보화비진료망연
法身清淨廣無邊　법신청정광무변
千江有水千江月　천강유수천강월
萬里無雲萬里天　만리무운만리천

三界猶如汲井輪　삼계유여급정륜
百千萬劫歷微塵　백천만겁역미진
此身不向今生度　차신불향금생도
更待何生度此身　갱대하생도차신

(글 : 석문의범)

보신(報身)과 화신(化身)이 참이 아닌 망연된
인연(因緣)인 줄 요달(了達)하면,
청정한 법신은 가이없이 넓고 넓네.
천 갈래 강물에 물이 있다면
천강(千江)마다 달 그림자도 천 개고
만 리 하늘에 구름이 없다면 청청 하늘은 만 리에 뻗네.

삼계는 마치 우물의 두루박처럼 돌고 돌아
백천 만겁의 많은 세월을 지내도다.
이제 이 몸 금생에서 제도 못 하면
다시 어느 생을 기다려 제도할 것인가.

㊀ 보신불이나 화신불만이 우리와 인연이 있는 부처님이 아니라 청정한 법
신은 이 우주 어느 곳에나 가득해서, 마치 하늘에 달은 하나라도 그 달
그림자가 천의 강에 비치듯, 부처님도 우리가 항상 접할 수 있는 모든
곳에 계신다는 것을 깨우쳐 주는 게송이다.
• 보화(報化) … 보신불(報身佛)과 화신불(化身佛).
• 요달(了達) … 완전히 통달하고 이해하는 것.

- 법신(法身) … 법신불(法身佛), 진리를 몸으로 하는 부처님.
- 삼계(三界) … 중생이 생사에 유전(流轉)하는 미혹(迷惑)의 세계, 전생과 현세, 내세.
- 미진(微塵) … 물질의 아주 작은 것을 극미(極微)라 하고, 극미(極微)가 7배 되는 것을 미진(微塵)이라 함.
- 도(度) … 제도(濟度).

大雄殿 대웅전

佛身普遍十方中	불신보변시방중
三世如來一切同	삼세여래일체동
廣大願雲恒不盡	광대원운항부진
汪洋覺海渺難窮	왕양각해묘난궁
若人問我解何宗	약인문아해하종
報道摩訶般若力	보도마가반야력

(글 : 화엄경)

부처님은 우주에 가득하시니
삼세(三世)의 모든 부처님 다르지 않네.
광대무변한 원력 다함이 없어
넓고 넓은 깨달음의 세계 헤아릴 수 없네.

누가 내게 어떤 종(宗)을 깨쳤느냐고 묻는다면
위대한 반야의 힘을 근본으로 하는 도(道)라고 말하리.

㉾ 부처님과 부처님의 한량없는 공덕을 높이 찬양하는 게송이다.
- 종(宗) … 경(經), 논(論) 중에서 중심이 되는 교의(敎義). 핵심이 되고 중심이 되는 부처님의 가르침.
- 마가(摩訶) … 크다, 많다, 대단하다.
- 반야(般若) … 모든 사물의 도리를 분명히 꿰뚫어 보는 밝은 지혜.

寂禪堂 적선당

山堂靜夜坐無言	산당정야좌무언
寂寂寥寥本自然	적적요요본자연
何事西風動林野	하사서풍동임야
一聲寒雁唳長天	일성한안려장천
圓覺山中生一樹	원각산중생일수
開花天地未分前	개화천지미분전
非靑非白亦非黑	비청비백역비흑
不在春風不在天	부재춘풍부재천

〔글 : 석문의범〕

고요한 밤 산당(山堂)에 묵묵히 앉았으니
적요(寂寥)로움 가득 본연(本然)의 세계인데,
무슨 일로 서풍(西風)은 건듯 불어 나무숲 흔들리고
장천(長天)에 찬 기러기 끼득끼득 이 무슨 소식인가.

원각산(圓覺山) 속에 나무 한 그루 있어
천지창조 이전에 이미 꽃이 피어 있었다네.
그 꽃은 푸르지도 않고 희지도 않고 검지도 않으며
봄바람도 하늘도 관여할 수 없다네.

㊀ 두 글귀로 된 이 게송은 모두 너무나 유명한 게송인데, 항상 우리들의
마음을 숙연하게 한다.
 • 적적(寂寂) … 고요하고 고요한 자연의 모습.
 • 요요(寥寥) … 쓸쓸하고 텅 빈 모습, 고요함 속에 성성함.
 • 서풍(西風) … 인도에서 불어온 불교 사상을 상징.
 • 원각산(圓覺山) … 시작이 없는 까마득한 옛날부터 지금까지 청정하게
 밝게 비치는 원만한 본체적인 깨달음.

德花殿 덕화전

玉兔昇沈催老像

金烏出沒促年光

求名求利如朝露

戈枯蕓榮似夕煙

勸汝慇懃修善道

速成佛果濟迷倫

今生若不從斯語

後世當然恨萬端

玉兎昇沈催老像　옥토승침최로상
金烏出沒促年光　금오출몰촉년광
求名求利如朝露　구명구리여조로
或枯或榮似夕烟　혹고혹영사석연

(글 : 석문의범)

權汝愨勳修善道　권여각훈수선도
速成佛界濟迷倫　속성불계제미륜
今生若不從斯悟　금생약불종사오
後世當然恨萬端　후세당연한만단

(글 : 자경문)

해 뜨고 지니 세월 재촉하고
달 뜨고 지니 덧없이 늙음만 가네.
세상 명리 모두 아침 이슬 같고
영고성쇠 마치 저녁 연기와 같도다.

그대에게 권하노니, 착한 도리를 부지런히 닦아
큰 원을 이루어
속히 불계(佛界)를 이룩해서 미혹에서 해매는
중생을 제도하여라.
만일 금생에서 이 도리 깨우치지 못한다면
후생에 이르러서 한 끝없이 남으리.

㊟ 금생에서 부지런히 선업을 닦고 중생구제를 하여 불국토를 이루어야 한
다. 만일 이를 이루지 못한다면 길이 후세에 이르러 한스럽다는 가르침
이 담긴 게송이다.
• 금오(金烏) … 태양.
• 옥토(玉兎) … 태음(太陰), 즉 달.
• 각훈(愨勳) … 미큰 공을 이룸.
• 미륜(迷倫) … 미혹에서 헤매는 무리들.
• 당연(當然) … ~을 당하여.

冥府殿 명부전

地藏大聖威神力	지장대성위신력
恒河沙劫説難盡	항하사겁설난진
見聞瞻禮一念間	견문첨례일념간
利益人天無量事	이익인천무량사
遊送江山萬里風	유송강산만리풍
千眼大悲不看透	천안대비불간투
隨風和雨過前山	수풍화우과전산
莫唯慈寂難得見	막유자적난득견
不離祇圓大道場	불리지원대도량

(글 : 지장경)

지장보살님의 위신력이여,
억겁을 두고 설명해도 다하기 어렵나니
보고 듣고 예배하는 잠깐 사이에
인천(人天)에 이익된 일 무량하여라.

만 리 불어오는 바람 강산에 건듯 부니
자비로운 천안(千眼) 모두를 꿰뚫어 보시네.
바람 따라 지나는 비, 앞산을 지나가니
자비롭고 고요한 모습 보기 어렵다 하지 말라.
지원(祇圓)의 대도량을 항상 떠나지 않으시네.

㊀ 이 주련은 두 부분으로 되어 있는데, 위의 4줄은 지장보살을 찬탄하고 지장보살을 예경하면, 모든 사람들에게 한량없는 이익이 온다는 것을 깨우쳐 주는 게송이고, 아래의 5줄은 부처님의 한량없는 공덕을 찬탄한 게송이다.

• 항하사(恒河沙) … 한량없이 많은 수.
• 겁(劫) … 무한히 긴 시간의 단위.
• 일념(一念) … 아주 짧은 시간.
• 천안(千眼) … 부처님을 상징함.
• 자적(慈寂) … 자비롭고 고요한 부처님의 모습.
• 지원(祇園) … 지원정사, 여기서는 상징적으로 현세를 말함.

덕 숭 산   수 덕 사

德崇山 修德寺

충남 예산군 덕산면 회천리

(덕숭산 남쪽에 있는 절)

대한불교 조계종 제6교구 본산인 이 절은 유서 깊은 고찰 중의 고찰이며, 백제 29대 법왕(法王) 원년(599년) 지명법사(智明法師)가 창건하였다.

백제가 망하자 혜현(惠顯)이 삼론(三論)을 강의하였던 곳이고, 숭제(崇濟)가 법화경(法華經)을 강설하던 유서 깊은 고찰이다.

뿐만 아니고 통일신라 때는 원효대사(元曉大師)가 여기서 수도하였고, 고려 때는 저 유명한 나옹화상(懶翁和尙)이 기거하신 곳이기도 하다.

근세에 와서는 경허(鏡虛) 스님이 거처하였고, 송만공(宋滿空) 선사께서 선풍(禪風)을 크게 떨친 국내의 유명한 선 도량이다.

개화기에 이르러서는 많은 사람들에게 깊은 감명을 준 <청춘을 불사르고>의 작가로 유명한 김일엽(金一葉) 스님이 여기에 계시다가 입적하였는데, 스님이 거처하던 견성암(見性庵)은 오늘날 장중한 석조 건물로 중수되어 항상 많은 여승들의 수도 도량이 되어 있다.

이 절의 대웅전은 정면 3칸, 측면 4칸의 단층 맞배집으로 그 형태가 장중하고, 조밀한 세부 구조가 뛰어나 옛사람들의 치밀한 수법을 한눈에 볼 수 있다.

그리고 이 대웅전은 영주 부석사의 무량수전, 안동 봉정사의 극락전과 함께 우리나라 최고(最古)의 모조 건물로서 귀중한 문화재의 하나이다.

法鼓閣 법고각 전면(前面)

三界猶如汲井輪	삼계유여급정륜
百千萬劫歷微塵	백천만겁역미진
此身不向今生度	차신불향금생도
更待何生度此身	갱대하생도차신

(글 : 석문의범)

삼계는 마치 우물의 두루박처럼 돌고 돌아
백천 만겁의 많은 세월을 지내도다.
이제 이 몸 금생에서 제도 못 하면
다시 어느 생을 기다려 제도할 것인가.

㈜ 한없이 윤회하는 가운데 사람의 몸을 받아서 태어나기란 여간 어려운 일이 아니다. 그러므로 이때 이 몸을 제도하지 못한다면, 또 어느 생에 자기를 제도할 기회를 얻을는지 아득하다는 가르침이다.

- 삼계(三界) ⋯ 중생이 생사에 유전(流轉)하는 미혹(迷惑)의 세계(世界).
- 미진(微塵) ⋯ 물질의 아주 작은 것을 극미(極微)라 하고, 극미(極微)의 7배 되는 것을 미진(微塵)이라 함.
- 도(度) ⋯ 제도(濟度).

法鼓閣 법고각 후면(後面)

願此鍾聲徧法界	원차종성변법계
鐵圍幽暗悉皆明	철위유암실개명
三途離苦破刀山	삼도이고파도산
一切衆生成正覺	일체중생성정각

(글 : 鐘頌)

원컨대 이 종소리 모든 법계에 두루 퍼지소서.
철위지옥(鐵圍地獄)의 모든 어둠도 다 밝아지소서.
삼도(三途)와 도산지옥(刀山地獄)의 고통에서 벗어나고
모든 중생을 바로 깨닫게 하여 주소서.

㊟이 게송은 종을 치는 스님의 마음이다. 스님은 종을 칠 때마다, '이 종소리처럼 부처님의 말씀이 온 세상에 두루 퍼지고, 그 소리를 듣는 모든

중생은 바른 깨달음을 얻을 것이며, 지옥의 중생까지도 고통에서 벗어나게 해주십시오.'라고 소원한다.

- 철위(鐵圍) … 철위산(鐵圍山), 이 우주 가장 바깥쪽에 있는 산으로 모두가 쇠로 되어 있다고 함.
- 삼도(三途) … 지옥(地獄), 아귀(餓鬼), 축생(畜生)을 말함.
- 도산(刀山) … 도산지옥(刀山地獄). 10지옥의 하나, 곧 칼이 솟아 있는 산을 밟고 가는 고통을 겪는 지옥.

修德寺 수덕사

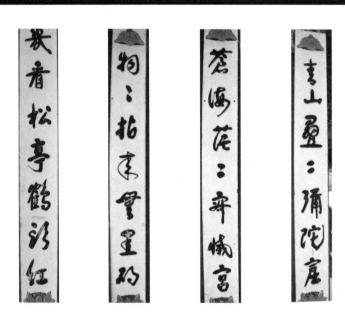

靑山疊疊彌陀窟	청산첩첩미타굴
蒼海茫茫寂滅宮	창해망망적멸궁
物物拈來無罣碍	물물염래무가애
幾看松亭鶴頭紅	기간송정학두홍

(글 : 원효대사)

첩첩한 청산은 미타의 굴이요,
망망한 푸른 바다는 적멸의 궁전이로다.
사물과 사물의 가고 옴에 거리낌이 없는데
몇 번이나 소나무 정자에 학의 머리 붉음을 보았던고.

㈜ 이 산하 대지가 바로 부처님의 도량이요, 망망한 바다가 모두 적멸보궁
  이다. 그 가운데 인연 따라 오가는 모든 개체는 아무것도 거리낌이 없

으니, 소나무 위에 학의 머리가 붉으니 푸르니 할 아무런 이유가 없다.
이 게송은 원효대사의 오도송이다.
- 미타굴(彌陀窟) … 아미타불(阿彌陀佛)이 거처하는 곳.
- 적멸궁(寂滅宮) … 석존께서 깨달음을 얻고 법을 설하신 보리도장(菩提道場).
- 물물(物物) … 모든 존재와 개체.
- 염래(拈來) … 요점을 지적하여 거론하면…….

鐘閣 종각(후면)

報化非眞了妄緣	보화비진료망연
法身淸淨廣無邊	법신청정광무변
千江有水千江月	천강유수천강월
萬里無雲萬里天	만리무운만리천

(글 : 불자수지독송경)

보신과 화신은 마침내 허망한 인연이요,
법신은 청정하여 광대무변한지라.
천 강에 물이 있으니 천 강의 달 그림자도 천 개요,
만 리에 구름이 없으니 만 리 하늘이로다.

㊀ 보신불(報身佛)과 화신불(化身佛)만의 인연이 부처님과의 인연이 아니
다. 청정한 법신불(法身佛)은 진실로 이 우주 어디에도 가득하시니 내

마음이 밝으면 부처님은 어디서나 친견할 수 있다.

• 보신(報身) … 수행을 완성한 과보로서, 모든 이상적인 덕을 갖춘 불신
  (佛身). 과거세에 행한 선근공덕(善根功德)의 과보로서 출현한 불신임.

• 화신(化身) … 중생을 교화하기 위하여 여러 가지 현상으로 변화해서
  나타나는 불신.

• 요(了) … 요달(了達)과 같음. 즉 이치를 완전히 알아서 통달하는 것.

상 왕 산   개 심 사

象王山 開心寺

●

충청남도 서산군 운산면 신창리 상왕산에 있는 절
(대한불교 조계종 제7교구 본사인 수덕사의 말사)

654년에 혜감대사(慧鑑大師)가 창건한 고찰로서, 창건 당시에는 개원사(開元寺)라 하였다.

그 후 1350년에 처능대사(處能大師)가 중창하면서 절 이름을 개심사(開心寺)라고 고쳐 부르게 되었다.

그 후 1350년에 1차 중수를 거쳐 1955년에 다시 전면 보수를 하여 오늘에 이르렀다.

당우 가운데 대웅전은 1484년에 건립한 것이며, 내부에는 아미타불과 관세음보살, 지장보살을 봉안하고 있다.

심검당은 남쪽으로 다른 요사와 함께 연결되어 있고 정면 3칸, 측면 3칸의 맞배지붕이며, 주심포 양식의 건물로서 그 형태가 매우 단아하다.

무량수각(無量壽閣)은 정면 6칸, 측면 3칸인 아담한 전각이며 자연석 초석 위에 원주형 기둥을 사용하였고 포(包)는 익공계이며, 처마는 겹처마에 팔자지붕이다.

특히 이 절의 명부전에 시왕상(十王像)은 기도의 영험이 크다 하여 많은 사람들이 참배하여 항상 참배객이 끊이지 않는다.

이 밖에 문화재로서 대웅전 앞에 5층 석탑과 청동화로가 있다.

옛날에 이 절에서 개판된 장경으로는 1580년에 개판된 도가논변모자리혹론(道家論辨牟子理惑論)과 1584년에 개판된 몽산화상육도보설(蒙山和尙六道普說) 등이 있다.

安養樓 안양루

月在波心說向誰　월재파심설향수
太湖三萬六千頌　태호삼만육천송
天産英雄六尺軀　천산영웅육척구
能文能武善讀書　능문능무선독서
鼻孔盛藏百億身　비공성장백억신
眼皮蓋盡三千界　안피개진삼천계
焚香夜雨和閨詩　분향야우화윤시
洗硯春波臨禊帖　세연춘파임계첩
六經根底史波瀾　육경근저사파란
五岳圭稜河氣勢　오악규릉하기세
芳草桃花四五里　방초도화사오리
白雲流水兩三家　백운류수양삼가

달밤에, 깨달은 이 마음 누구에게 말하리.
태호(太湖)같이 크고 넓은 3만 6천의 게송을.
하늘은 6척의 몸을 가진 영웅을 낳아
글도 능하고, 무예도 능하고, 독서도 잘하게 하였으며
비공(鼻孔)에는 능히 백억의 몸을 지녀 감추고
눈꺼풀에는 삼천대천세계를 모두 덮었도다.
비 오는 밤에 향 사르며 고요히 시를 읊고
봄바람 불어올 때 세연(洗硯)하고 계첩을 대하도다.
윤회하는 생애에는 파란 많다 하였으니
오악(五嶽)의 준령인들 그 앞에선 무슨 기세 있으리.
향기로운 풀, 복사꽃 4, 5리에 피었으니
흰 구름 흐르는 물 가운데 삼가(三家)만이 짝 이루네.

㊟ 선사(禪師)의 깨달음이란 마치 물과 같고 바람과 같아서 감히 우리 속인
들로서는 짐작도 못 한다. 이 게송도 한 소식 깨친 분의 오도송(悟道頌)
인 듯, 보통의 상식으로는 이해가 안 된다. 오직 글귀의 해석으로만 그칠
뿐이다.

- 월(月) … 마음을 가리킴.
- 파심(波心) … 흐르는 물결의 가운데 부분. 여기서는 깨친 마음.
- 태호(太湖) … 중국 강소성 남쪽에 있는 큰 호수.
- 송(頌) … 게송(偈頌)의 생략.
- 성장(盛藏) … 담아서 감춤.
- 세연(洗硯) … 글 짓고 책 읽는 모임을 마칠 때 베푸는 잔치.
- 육경(六經) … 미육도(六道) 윤회를 하는 생애(生涯).
- 삼가(三家) … 정토종(淨土宗) 법연선사(法然禪師) 문하의 삼가(三家).
  곧 진서류(鎭西流), 서산류(西山流), 정토종(淨土宗)을 말함.

大雄寶殿 대웅보전

佛身普滿十方中	불신보만시방중
三世如來一切同	삼세여래일체동
廣大願雲恒不盡	광대원운항부진
汪洋覺海妙難窮	왕양각해묘난궁

〔글 : 화엄경〕

부처님은 우주에 가득하시니
삼세(三世)의 모든 부처님 다르지 않네.
광대무변한 원력 다함이 없어
넓고 넓은 깨달음의 세계 헤아릴 수 없네.

㊋ 부처님과 부처님의 한량없는 공덕을 높이 찬양하는 게송으로, 일반적으
로 대웅전에 많이 있는 게송이다.

無量壽殿 무량수전

阿彌陀佛在何方	아미타불재하방
着得心頭切莫忘	착득심두절막망
念到念窮無念處	염도염궁무염처
六門常放紫金光	육문상방자금광

(글 : 나옹선사)

아미타불 어느 곳에 계실까.
마음에 간직하여 잊지 말 것이니
생각 생각 이어가다 생각조차 끊긴 곳에 이르면
육근(六根)의 문에서 성스러운 금빛 광명
찬란하게 나오네.

㉣아미타불을 항상 마음속에 간직하여 잠시도 잊지 말고 생각하며 그의 감화와 원을 나의 수행의 지표로 삼고 귀의하면 결국 성불의 경지에 이루게 되리라는 교훈이 담긴 나옹스님과 그 누이의 글이다.

- 무념(無念) … 생각하는 대상의 상(相)을 초월하고 진여(眞如)의 본성에 관하여 생각하는 마음까지도 여의는 경계.

- 육문(六門) … 육근(六根)의 문. 육식(六識) → '안식(眼識), 이식(耳識), 비식(鼻識), 설식(舌識), 신식(身識), 의식(意識)'이 육경(六境), 즉 '안경(眼境), 이경(耳境), 비경(鼻境), 설경(舌境), 신경(身境), 의경(意境)'을 인식하는 경우, 그 근원이 되는 여섯 가지 뿌리. 즉 안근(眼根), 이근(耳根), 비근(鼻根), 설근(舌根)), 신근(身根), 의근(意根)을 말함.

- 자금광(紫金光) … 황금색 금빛보다 더 아름다운 빛이라는 뜻에서 자금광이라고 함.

冥府殿 명부전

地藏大聖威神力　지장대성위신력
恒河沙劫説難盡　항하사겁설난진
見聞瞻禮一念間　견문첨례일념간
利益人天無量事　이익인천무량사

(글 : 黃葉普渡門)

지장보살님의 위신력이여
억겁을 두고 설명해도 다하기 어렵나니,
보고 듣고 예배하는 잠깐 사이에
인천(人天)에 이익된 일 무량하여라.

㊀ 지장보살의 위신력을 찬탄하고, 잠깐이라도 지장보살을 예경하면 모든
사람들에게 한량없는 이익이 온다는 것을 깨우쳐 주는 게송이다.

· 항하사(恒河沙) … 한량없이 많은 수.
· 겁(劫) … 무한히 긴 시간의 단위.
· 일념간(一念間) … 아주 짧은 잠깐 사이.

金烏山　香泉寺
금 오 산　향 천 사

●

충청남도 예산읍 향천리 금오산에 있는 절
(대한불교 조계종 제7교구 수덕사의 말사)

의자왕 12년(652년) 의각대사(義覺大師)가 창건한 백제 고찰이다.

의각대사는 당시 일본으로 건너가서 백제사(百濟寺)에서 잠시 머무른 다음, 곧 당나라로 들어가서 오자산(五子山)에서 불상을 조성하는 일에 전념하였다.

거기서 대사는 3년 동안 석불 3,053상과 아미타불상, 관세음보살상, 대세지보살상, 십육나한상을 조성하였는데, 이들 불상을 모두 돌배에 싣고 백제로 돌아왔다.

백제 오산현 북포 해안에 이르러 알맞은 절터를 찾아보았으나 마땅한 곳이 없어서 몇 달 동안 부처님을 모시고 배에 머물렀다.

그러던 어느 날 금오(金烏) 한 쌍이 난데없이 날아오더니 지금의 절터로 대사를 인도하여 절터를 가르쳐 주었기에 그곳에 절을 짓고 그 산 이름을 금오산이라고 부르게 되었다고 한다.

옛날에는 매우 큰 가람이었다고 하는데, 지금은 극락전을 비롯하여 나한전, 동선당(東禪堂), 승방(僧房)이 있고 천불전을 중심으로 삼성각과 선방이 있다.

그리고 절 서쪽에 부도(浮屠) 2기와, 여승들이 거처하는 부도암(浮屠庵)이 있다.

極樂殿 극락전

南無大方廣佛華嚴經	나무대방광불화엄경
極樂堂前滿月容	극락당전만월용
玉毫金色照虛空	옥호금색조허공
若人一念稱名號	약인일념칭명호
頃刻圓成無量功	경각원성무량공
南無實相妙法蓮華經	나무실상묘법연화경

(글 : 석문의범)

나무대방광불화엄경
극락당(極樂堂) 앞에 만월(滿月) 같은 아미타불 얼굴
옥호(玉毫)와 금빛 얼굴은 허공을 비추는구나.
만일 사람들이 일념으로 부처님의 명호(名號)를 부른다면
잠깐 동안에 한량없는 큰 공덕을 이루리라.
나무실상묘법연화경

㈜ 아미타불의 한량없는 공덕을 찬탄하는 동시에 염불의 중요성을 강조한
  게송이다. 이 게송의 앞과 뒤에 경의 이름을 적은 것은 기둥이 6개이므
  로 전체의 균형을 맞추기 위해서이다.
  • 항하사(恒河沙) … 한량없이 많은 수.
  • 옥호(玉毫) … 옥호, 32상(相)의 하나. 부처님 두 눈썹 사이에 있는 희
    고 빛나는 가는 터럭.
  • 금색(金色) … 금색, 32상(相)의 하나. 부처님 몸에서 발하는 금색.
  • 극락당(極樂堂) … 아미타불을 주불(主佛)로 모신 사찰의 전각.
  • 일념(一念) … 일념, 전심(專心)으로 염불하는 일.
  • 명호(名號) … 명호, 부처님과 보살의 이름.
  • 경각(頃刻) … 경각, 아주 짧은 시간, 혹은 눈 깜짝할 사이.
  • 원성(圓成) … 원성, 원만하게 성취하는 것.

羅漢殿 나한전

四向四果早圓成	사향사과조원성
三明六通悉具足	삼명육통실구족
密承我佛叮嚀囑	밀승아불정녕촉
住世恒爲眞福田	주세항위진복전

(글 : 석문의범)

사향(四向)과 사과(四果) 속히 잘 이루고
삼명(三明)과 육통(六通) 모두 갖추어
우리 부처님의 가르침 공손히 모두 받아
이 세상에 참 복전을 만들어서 오래 살고자.

㊟ • 사향(四向) … 소승 불교에서 수도하여 깨달음을 얻어 들어가는 4가지 품계(品階).

- ‣ 견도향(見道向) : 수행의 가장 기초 단계.
- ‣ 정류향(頂流向) : 불교의 근본 진리를 명료하게 보는 눈을 얻는 단계.
- ‣ 일래향(一來向) : 욕계의 모든 혹(惑)을 끊는 단계.
- ‣ 불환향(不還向) : 욕계 9품의 수혹 가운데 7, 8품은 끊었지만 아직 1품이 남아 있는 단계.

• 사과(四果) … 소승 불교의 성문(聲聞)들이 탐진치(貪瞋癡)의 삼독(三毒)을 끊고, 위없는 성도(聖道)에 들어가 부처가 되는 4단계의 깨달음의 결과.

• 삼명(三明) … 숙명통(宿命通)·천안통(天眼通)·누진통(漏盡通)을 말하는데, 곧 과거의 업상(業相)과 인연(因緣)을 알아 내세의 상을 명확히 하며, 현재의 고상(苦相)을 깨달아 일체의 번뇌를 끊어 버림을 말함.

• 육통(六通) … 육신통력(六神通力)이라고도 함.

- ‣ 천안통(天眼通) : 우리 육안으로 못 보는 것을 봄.
- ‣ 천이통(天耳通) : 우리 육안으로 못 듣는 것을 들음
- ‣ 타심통(他心通) : 타인의 마음을 자유자재하는 신통.
- ‣ 숙명통(宿命通) : 과거 세상의 생사를 자재하는 신통.

- 신족통(神足通) : 경계를 변신하여 출몰을 자제하는 신통력.
- 누진통(漏盡通) : 자재(自在)하게 번뇌를 끊는 신통한 능력.
- 복전(福田) … 삼보를 공경하고, 부모를 공경하고, 가난한 사람에게 베풀면, 마치 농부가 밭에서 수확하는 것과 같이 복이 생긴다는 뜻.

千佛殿 천불전

塵墨劫前早成佛	진묵겁전조성불
爲度衆生現世間	위도중생현세간
巍巍德相月輪滿	외외덕상월륜만
於三界中作導師	어삼계중작도사

(글 : 各壇念佛 八相殿)

한없는 세월 전에 빨리도 성불하여
중생 제도 위해 세간에 나타나셨네.
높고 높은 덕상 달과 같이 원만하여
이 삼계 모두를 이끌어 주시는 스승이 되시네.

㊜ 현세에 나타나셔서 중생 구제를 하시는 부처님의 공덕을 찬탄하는 게송
이다.

• 진묵겁(塵墨劫) … 과거, 미래의 티끌처럼 많은 시간.

• 월륜(月輪) … 둥근 달.

• 삼계(三界) … 천계(天界), 지계(地界), 인계(人界)를 말함.

• 도사(導師) … 이끌어 주는 스승, 즉 부처님과 보살님.

西禪堂 서선당

(1)

> 身從無相中受生　신종무상중수생
> 猶如幻出諸形相　유여환출제형상
> 幻人心識本來空　환인심식본래공
> 罪福皆空無所住　죄복개공무소주

[글 : 毘婆尸佛(비바시불)]

몸은 종래 상(相)이 없는 것에서 태어났으니
마치 모든 현상과 같이 환상 속에서 나왔음이라.
환상 같은 인간의 심식(心識)은 본래 공(空)한 것이니
죄와 복도 모두 공(空)한 것이며 주(住)한 바가 아니로다.

㈜ • 무상(無相) … 양상(樣相), 형상(形相)과 같은 뜻이며, 볼 수 있고 알 수
　　있는 것의 모습을 의미함.
　• 유여(猶如) … 마치 ~와 같음.
　• 환(幻) … 일체의 사상(事象)에는 실체성이 없고, 오직 환각(幻覺)과 같
　　이 가상(假相)을 나타내고 있는 것에 불과하다는 것.
　• 심식(心識) … 마음의 주체와, 마음의 작용.
　• 주(住) … 머무르는 것. 실제로 자리잡고 있는 것.

(2)

> 起諸善法本是幻　기제선법본시환
> 造諸惡業亦是幻　조제악업역시환
> 身如聚沫心如風　신여취말심여풍
> 幻出無根無實性　환출무근무실성

[글 : 尸棄佛(시기불)]

일어나는 모든 선법(善法)도 본시 환상이요,
모든 악업 역시 환상이로다.
몸은 마치 모였다 흩어지는 물거품 같고,
마음은 형상없는 바람이로다.
환상이 생겨난 근거가 없으니
그 성품의 결과인들 있을 수 없네.

㊅ • 취말(聚沫) … 모였다 흩어지는 물거품.
 • 무근(無根) … 근본이 되는 근거.
 • 실성(實性) … 본성, 진여(眞如).

(3)

假借四大以爲身	가차사대이위신
心本無生因境有	심본무생인경유
前境若無心亦無	전경약무심역무
罪福如幻起亦滅	죄복여환기역멸

〔글 : 毘舍浮佛(비사부불)〕

가사 사대(四大)를 잠시 빌려 생겨난 이 몸이나
마음은 본래 생겨남이 없이 다만 인연 따라 나타남이라.
경계(境界) 앞이 없고 마음 역시 없다면
죄와 복도 환상이니 무엇이 일어나고
무엇이 멸하는 것인가.

㊅ • 가차(假借) … 임시로 빌리는 것.
 • 사대(四大) … 우주의 근본 요소인 4가지, 즉 지(地), 수(水), 화(火), 풍
  (風).
 • 경(境) … 감각 기관〔根〕과 인식을 주관하는 마음〔識〕의 대상. 경계(境
  界)라고도 함.

(4)

見身無實是見佛	견신무실시견불
了心如幻是了佛	요심여환시료불
了得身心本性空	요득신심본성공
斯人與佛何殊別	사인여불하수별

〔글 : 拘留孫佛(구류손불)〕

몸이 실이 아님을 보는 것이 곧 부처를 보는 것이요,
마음의 나타남이 환상과 같다는 것을 아는 것이
곧 부처를 다 아는 것이로다.
심신의 본성이 모두 공하다는 것을 알았다면
이 사람이 곧 부처님과 더불어 무엇이 다르리요.

㉮ • 실(實) … 영구히 변함없는 궁극적인 참된 것.
  • 了 … 마칠 료, 깨달을 료.
  • 사인(斯人) … 이와 같은 사람, 즉 깨달은 사람.
  • 수(殊) … 부사로서 동사 앞에 쓰이며 상당히 높은 정도를 나타내는
    말. '아주', '매우', '전혀' 등의 뜻이 있음.
  • 본성(本性) … 본래의 성품.
  • 공(空) … 실체와 자성(自性)이 없는 것. 일체 법은 인연을 따라 생겨난
    것이므로, 거기에는 아체(我體), 본체(本體), 실체(實體)라고 할 만한
    것이 없으므로 공(空)이라 함.

(5)

佛不見身知是佛	불불견신지시불
若實有知別無佛	약실유지별무불
知者能知罪性空	지자능지죄성공
但然不怖於生死	단연불포어생사

〔글 : 拘那含牟尼佛(구나함모니불)〕

부처님은 몸을 보지 않고도 부처인 줄 바로 알지만
만약에 실상이 이런 줄 안다면 따로 부처가 없느니라.
지혜로운 자는 능히 죄성이 공(空)하다는 것을 알아서
탄연하게 생사의 두려움에서 벗어나리라.

㈜ • 실유(實有) … 그 자체로 실재(實在)하는 것. 인연 화합으로 생겨난 일
시적인 가유(假有)가 아닌 것.
• 지자(知者) … 지혜로운 사람.
• 죄성(罪性) … 죄업(罪業)의 본성(本性).
• 죄업(罪業) … 죄악을 짓는 행위, 또는 죄악의 행위가 미래에 고과(苦
果)를 부르는 인(因)이 되는 것을 일컬음.
• 탄연(坦然) … 마음이 가라앉아 아무 걱정없는 상태.
• 포(怖) … 두려워하는 마음의 상태, 공포(恐怖).

(6)

一切衆生性淸淨　일체중생성청정
從本無生無可滅　종본무생무가멸
卽此身心是幻生　즉차신심시환생
幻化之中無罪福　환화지중무죄복

〔글 : 迦葉佛(가섭불)〕

모든 중생의 성품 청정하여
본래부터 생겨남도 멸할 수도 가히 없는 것이로다.
곧 몸과 마음 모두 환상 속에서 태어났거늘
환화(幻化) 속에 죄와 복이 따로 없느니라.

㈜ • 종(從) … 연사로서 가설적 양보를 나타냄. '설사 ~하더라도', '가령 ~
일지라도'.
• 청정(淸淨) … 나쁜 것으로 지은 허물이나 번뇌의 더러움에서 벗어나
깨끗함.

※ 이 절의 주련은 과거칠불(過去七佛) 게송을 적어 놓았는데, 기둥의 숫자 관계로
제칠존석가모니불(第七尊釋迦牟尼佛)의 게송이 빠져 있다. 실제로는 24장의 주련
현판이 연이어 붙어 있지만, 독자의 이해를 돕기 위해서 여기서는 (1)에서 (6)까지
나누어서 하나하나 해설하였다.

희 양 산   봉 암 사
曦陽山 鳳巖寺

●

경북 문경군 가은면 원봉일 희양산에 있는 절
(대한불교 조계종 제8교구 직지사의 말사)

신라 선문구산(禪門九山)의 하나인 희양산파의 종찰(宗刹)로서, 879년 헌강왕(憲康王 9년) 당나라로부터 귀국한 지선선사(智詵禪師)가 창건한 이래 현재까지 선 도량으로 일관해 온 사찰이다.

지선(智詵, 824~882)은 속성이 김씨(金氏)로 서라벌 사람이었다.

9세에 부석사에 들어가 경의(瓊儀)에게 구족계를 받고 양부(楊孚)에게 선을, 혜은(慧隱)에게 현리(玄理)를 배워 사조쌍봉(四祖双峰)의 말손(末孫)이 되었다.

그때 대사의 명성을 듣고 경문왕(景文王)이 사신을 보내어 청하였으나 가지 않았고, 그 후 헌강왕(憲康王)이 왕사(王師)를 삼았으나 역시 산문에서 나가지 않았다.

이 절 뒤편에 대사의 사리부도와 고운(孤雲) 최치원(崔致遠)이 비문을 쓴 탑비가 있다.

그 뒤 고려 태조 18년(935년), 정진국사(靜眞國師)가 중창하였고, 그 후 이조 현종(顯宗) 15년(1674년)에 화재를 입은 것을 신화(信和, 1665~1737) 화상이 중건하였고, 1915년에 이르러 세욱(世旭) 화상이 다시 중건했다.

절 뒤편에 있는 거대한 바위산은 해발 약 1000m 정도인 영산인데, 이 산이 바로 희양산이며 수려함과 웅장함이 넘쳐서 보는 이의 가슴에 신비한 영기마저 느끼게 한다.

※ 제1집에도 봉암사 주련이 있으나, 그 후 다시 많은 주련을 첨가하였기에 제2집에서도 다시 다루었다.

金色殿 금색전

天上天下無如佛 천상천하무여불
十方世界亦無比 시방세계역무비
世間所有我盡見 세간소유아진견
一切無有如佛者 일체무유여불자

(글 : 석문의범)

천상천하 어느 곳에도 부처님 같으신 분 없나니
시방세계에도 비교할 때 없네.
세상 천지 내가 다 보아도
부처님같이 귀하신 분 없도다.

㊟ 대웅전에 흔히 있는 이 주련 글은 평범한 내용이면서도 그 속에 한량없
이 귀중한 큰 법문이 들어 있는 귀중한 글이다. 도통경지에 들어간 어떤
스님이 세상의 모든 이치를 다 통달하고 결론지은 이 말씀은 불자의 가
슴에 커다란 감명을 안겨 줄 것이다.

大雄寶殿 대웅보전

佛身普遍十方中   불신보변시방중
三世如來一切同   삼세여래일체동
廣大願雲恒不盡   광대원운항부진
汪洋覺海妙難窮   왕양각해묘난궁

威光遍照十方中   위광변조시방중
月印千江一切同   월인천강일체동
四知圓明諸聖士   사지원명제성사
賁臨法會利群生   분림법회이군생

(글 : 석문의범)

부처님은 우주에 가득하시니
삼세(三世)의 모든 부처님 다르지 않네.
광대무변한 원력 다함이 없어
넓고 넓은 깨달음의 세계 헤아릴 수 없네.

부처님의 위광(威光)이 시방세계(十方世界)에 가득 차고
천 갈래 강에 비친 달은 천 개로 보여도 근본은 하나.
사지(四智)에 모두 통달한 많은 성인들
넓게 법회에 임해서 많은 중생을 이롭게 하네.

㈜ 부처님과 부처님의 한량없는 공덕을 높이 찬양하는 게송이다. 봉암사는
선찰답게 주련이 많이 실려 있지 않는 것이 특색이기도 하다.
  • 삼세(三世) … 천계(天界), 지계(地界), 인계(人界).
  • 원운(願雲) … 구름처럼 일어나는 많은 서원(誓願).
  • 왕양(汪洋) … 바다와 같이 넓고 넓은 상태.
  • 난궁(難窮) … 다함과 막힘이 없음.
  • 위광(威光) … 위엄이 있는 빛, 즉 부처님의 백호광.
  • 월인(月印) … 상징적으로, 교의(敎義)의 규범이 되고 기치(旗幟)가 되

는 것.

- 사지(四智) … 대원경지(大圓鏡智), 평등성지(平等性智), 묘관찰지(妙觀察智), 성소작지(成所作智).
- 원명(圓明) … 완전하고 훌륭하며 밝게 통달한 것.
- 분림(賁臨) … 크게 임함.

眞空門 진공문

入此門內 莫存知解 입차문내 막존지해

이 문으로 들어올 때에는
모든 알음알이를 짓지 말라.

㊟ 이 문 안에서는 조그마한 인간의 지혜 따위는 아무것도 아니니 아는 체
하지 말고, 오직 마음을 비운 상태에서 열심히 정진하라는 교훈이다. 세
속의 작은 지식으로 어찌 부처님의 큰 세상을 헤아릴 수 있으리요. 그러
므로 오직 시작하는 마음으로 공부에 임하라는 뜻이다.

曦揚山 太古禪院　희양산 태고선원

海底泥牛含月走　해저니우함월주
岩前石虎抱兒眠　암전석호포아면
鐵蛇鑽入金剛眼　철사찬입금강안
崑崙騎象鷺鶿牽　곤륜기상로자견

(글 : 고봉선사)

해저(海底)에 이우(泥牛)는 달을 물고 달아나고
암전(岩前)에 호랑이는 아기를 안고 졸고 있네.
철사(鐵蛇)는 금강력사(金剛力士) 눈 속을 뚫고 드니
곤륜(崑崙)산이 코끼리 타고 자고새가 몰고 가네.

惺寂堂 성적당

無邊風月眼中眼	무변풍월안중안
不盡乾坤燈外燈	부진건곤등외등
柳暗花明十萬戶	유암화명십만호
叩門處處有人膺	고문처처유인응
多年石馬放毫光	다년석마방호광
鐵牛哮吼入長江	철우효후입장강
虛空一喝無蹤跡	허공일갈무종적
不覺潛身北斗藏	불각잠신북두장

가없는 풍월은 눈 속에 눈이요
끝없는 하늘과 땅, 등 밖에 등이로다.
어두운 버들, 환한 꽃 십만 호에 피었는데
문 두드리는 곳마다 대답하는 사람 있네.
해묵은 석마는 터럭에서 빛을 내고
무쇠말은 울부짖으며 큰 강으로 들어가네.
허공을 일갈하니 종적이 없고
북두(北斗) 속에 짐긴 몸 알지 못하네.

㈜ • 풍월(風月) … 아름다운 자연.
• 건곤(乾坤) … 하늘과 땅, 온 천지.
• 고문(叩門) … 사람을 찾아가서 문을 두드림.
• 膺 … 대답할 응.
• 호광(毫光) … 부처님의 두 눈썹 사이에 흰 털에서 나는 빛.
• 철우(鐵牛) … 움직이거나 뚫을 수 없는 것의 비유.
• 장강(長江) … 길고 큰 강.
• 일갈(一喝) … 한 번 크게 꾸짖음.
• 종적(蹤跡) … 뒤에 남는 자취나 형상.
• 불각(不覺) … 깨닫거나 생각하지 못함.
• 잠신(潛身) … 몸을 숨기고 드러내지 아니함.

祖師堂 조사당

(1)

此外更無別物	차외갱무별물
有人問我家風	유인문아가풍
閃電光中作窟	섬전광중작굴
打破虛空出骨	타파허공출골
井底泥牛吼月	정저니우후월
雲間木馬嘶風	운간목마사풍
把斷乾坤世界	파단건곤세계
誰分南北東西	수분남북동서

이 밖에 또 어떤 특별한 물건 있으리.
내게 가풍을 묻는 사람 있으면
순간적으로 번쩍이는 빛으로 굴을 만들고
허공을 깨뜨려 없애고 뼈를 내보내리.
우물 속에 진흙 소 달빛 보고 울부짖고
구름 사이에 목마, 바람 보고 흐느끼도다.
건곤 세계 잡아 끊어
그 누가 남북동서로 나누었느냐?

㈜ • 별물(別物) … 특별한 물건.
  • 가풍(家風) … 한 집안에 전해 오는 풍습과 범절.
  • 섬전(閃電) … 순간적으로 번쩍이는 번갯불. 매우 빠른 것을 비유.
  • 嘶 … 울 시, 말이 울 시.

(2)

龍吟枯木猶生喜　용음고목유생희
髑髏生光識轉幽　촉루생광식전유
磊落一聲空粉碎　뇌락일성공분쇄
月波千里放孤舟　월파천리방고주

용은 고사목을 오히려 살아 있는 듯 기쁘게 읊으며
해골에서는 그윽한 알음알이의 빛 생기도다.
선선한 한마디 하늘 부스러뜨리며
달 그림자는 작은 배를 천 리나 멀리 띄워 보내네.

㊀ • 촉루(髑髏) … 해골.
　　• 뇌락(磊落) … 성미가 너그럽고 선선함.
　　• 고주(孤舟) … 외따로 떠 있는 작은 배.

梵鐘閣 범종각

(동쪽)

願此鐘聲遍法界	원차종성변법계
鐵圍幽暗悉皆明	철위유암실개명
三途離苦破刀山	삼도이고파도산
一切衆生成正覺	일체중생성정각

(글 : 진감국사)

원컨대 이 종소리 법계에 두루 퍼져
철위산의 깊고 어둠 무간지옥 다 밝아지며
지옥·아귀·축생의 고통과 도산의 고통을 모두 여의고
모든 중생의 바른 깨달음 이루어지이다.

(서쪽)

要會東山水上行	요회동산수상행
溪邊石女夜吹笙	계변석녀야취생
木人把板雲中扮	목인파판운중분

동산이 물 위로 가는 것을 알고 싶은가.
개울가에 돌 계집이 밤 피리를 불고
허수아비가 구름 속에서 판자를 두드리네.

㈜ • 생(笙) … 笙簧(생황), 관악기의 일종.
 • 목인(木人) … 허수아비.
 • 扮 … 꾸밀 분.

(남쪽)

一曲凉州恰二更	일곡량주흡이갱
一曲兩曲無人會	일곡양곡무인회
雨過夜塘秋水深	우과야당추수심
春有百花秋有月	춘유백화추유월

양주곡 한 곡조가 이경에 기쁘게 울리니
또 한 곡조와 두 곡조는 무인회라.
비 지나간 가을 밤 못가에는 물도 깊은데
봄에는 온갖 꽃 피고 가을에는 달 밝도다.

(북쪽)

夏有凉風冬有雪	하유량풍동유설
若無閑事掛心頭	약무한사괘심두
便是人間好時節	편시인간호시절

(글 : 무문선사)

여름에는 선들바람이 좋고 겨울에는 흰 눈이 좋도다.
이에 공연한 일로 마음 상하지 않는다면
인간 생활에 더 이상 바랄 것이 무엇이랴.

㈜ • 한사(閑事) … 쓸모없는 일.
 • 심두(心頭) … 생각하고 있는 마음.

아 기 산　　봉 황 사

鵝岐山　鳳凰寺

안동시 임하면 수곡리에 있는 신라 고찰
(대한불교 조계종 제16교구 고운사의 말사)

수려한 아기산 기슭에 있는 이 작은 고찰은 신라 선덕여왕 13년(644년)에 창건된 절이라고 한다.

창건 당시는 많은 당우가 있던 매우 웅장한 가람이었다고 하는데, 지금은 대웅전과 요사채, 두 채의 건물만이 남아 있을 뿐이다.

이 절에서 특히 돋보이는 것은 대웅전 내부의 단청이다.

건물 외부의 단청은 보수할 때 다시 칠했으나 내부의 단청은 예로부터 전해져 온 상태 그대로 잘 보존되고 있는데, 우물정자 천장에는 연화문, 빗 천장에는 봉황, 학, 신선 등이 구름무늬를 배경으로 하늘을 날고 있다.

이 밖에 종량과 중량, 공포대 등에도 뛰어난 선과 색상을 보여 주는 아름다운 단청이 남아 있다.

전설에 의하면 이 단청은 봉황새가 날아와서 그렸다고 하는데, 전면을 끝내고 후면을 하던 중 사람들이 쳐다보자 끝내지 못하고 날아가 버렸다고 한다.

이 절의 이름을 봉황사(鳳凰寺)라고 하는 까닭도 이 전설에서 연유된 것으로 생각된다.

이 절을 찾아가려면 임하 댐의 푸른 물 위에 가설된 높은 다리를 건너야 하는데, 댐 주위의 경관이 무척 아름답다.

大雄殿 대웅전

世尊當入雪山中 세존당입설산중
一坐不知經六年 일좌부지경육년
因見明星云悟道 인견명성운오도
言詮消息遍三千 언전소식변삼천

天上天下無如佛 천상천하무여불
十方世界亦無比 시방세계역무비

(글 : 석문의범)

부처님께서 설산(雪山)에 계실 때
한번 앉아 육 년이 흘러감을 알지 못했네.
밝은 별을 보고 도(道)를 깨달으시니
그 말씀 그 소식 삼천대천세계에 가득하여라.

하늘 위와 하늘 아래 모든 곳에 부처님 같으신 분 없어라.
시방세계를 다 둘러봐도 부처님께 비할 만한 분 없어라.

㈜ 석가모니 부처님께서 도를 깨치려고 눈 쌓인 산속에 들어가서서 6년간
   이나 한자리에 앉아 수행을 하셨다. 어느 날 새벽, 밝은 별이 뜰 무렵 홀
   연히 도를 깨쳤는데, 그 기쁜 소식 온 세상에 가득하고 모든 중생들이
   함께 기뻐한다는 내용의 게송이다.
 • 세존(世尊) … 석가모니 부처님.
 • 삼천(三千) … 삼천대천세계.

문수산 축서사
文殊山 鷲棲寺

•

경북 봉화군 물야면 계단동에 있는 신라 고찰
(대한불교 조계종 제16교구 고운사 말사)

문수산 높은 산 중턱에 자리잡은 이 절은 서기 666년에 창건한 신라 고
찰이다.

주변의 산세가 너무 웅위하고 거룩하며, 사찰 경내에서 내려다보는 산
아래의 경관이 너무 아름다워서 한 번 이 절을 찾는 사람은 꼭 다시 찾게
된다.

경내에서 솟아나는 맑은 우물은 말 그대로 감로수이다.

이 절에서 특히 유명한 것은 석조 비로자나불좌상이다.

비로자나불이 모셔진 전각에는 일반적으로 대적광전(大寂光殿), 비로전
(毘盧殿), 혹은 대광명전(大光明殿)이라는 현판이 붙어 있는 것이 통상인
데, 여기서는 대웅전(大雄殿)이라는 이름이 붙어 있는 것부터가 특이하다.

867년에 조성된 것으로 고증되는 이 불상은 너무나 단아하고 거룩하여
참배하는 이의 마음에 커다란 영험과 감명을 안겨 준다.

얼굴은 도피안상 불상이 보여 주는 단아하면서도 섬약해진 것으로, 수
도에 정진하는 고행승(苦行僧)의 일상적인 마른 모습을 나타내고 있는 듯
하다.

더구나 가는 눈, 빈약한 코, 작은 입의 표현으로 현실의 사람 모습, 그
가운데서도 수도승의 모습을 의도적으로 보여 주는 듯하다.

결가부좌한 두 무릎은 넓게 퍼져서 안정감을 준다.

볼수록 가슴에 안고 싶고, 안기고 싶은 거룩하고 다정한 부처님 상이다.

大雄殿 대웅전

報化非眞了妄緣	보화비진료망연
法身淸淨廣無邊	법신청정광무변
千江有水千江月	천강유수천강월
萬里無雲萬里天	만리무운만리천

(글 : 불자수지독송경)

보신과 화신은 마침내 허망한 인연이요,
법신은 청정하여 광대무변한지라.
천 강에 물이 있으니 천 강에 비친 달 그림자도 천 개요,
만 리에 구름이 없으니 만 리가 하늘이로다.

㈜ 보신불이나 화신불만이 우리와 인연이 있는 부처님이 아니라 청정한 법
신은 이 우주 어느 곳에도 가득해서, 마치 하늘의 달은 하나라도 그 달
그림자가 천의 강에 비치듯 부처님도 우리가 항상 접할 수 있는 모든 곳
에 계신다는 것을 깨우쳐 준 게송이다.

• 보화(報化) … 보신불(報身佛)과 화신불(化身佛).
• 요(了) … 요달(了達), 완전히 통달하고 이해하는 것.
• 법신(法身) … 법신불(法身佛). 진리를 몸으로 하는 부처님.

학 가 산   선 암 사
鶴駕山 仙岩寺

●

경북 서후면 학가산에 있는 고찰
(대한불교 조계종 제16교구 고운사의 말사)

학가산 정상 가까이 자리잡은 이 절은 장엄한 학가산 영봉 아래 있는데, 절 이름도 옛날 신선이 놀던 바위 밑에 절이 있다고 선암사(仙岩寺)라고 이름하였다 한다.

원래 이 절은 원래 산 서편 아래에 있는 광흥사(廣興寺)의 부속 암자였는데, 그때의 이름은 애련암(愛蓮庵)이었다.

한때 학조대사(鶴祖大師)께서 이 암자에 계시며 공부하셨는데, 어느 날 문득 깨달음을 얻었다고 한다. 그때 너무나 기뻐서 마당에 나가 너울너울 춤을 추었다고 한다.

그리고 서편 습지를 바라보니 철이 아닌데도 연꽃이 마치 대사의 성도를 축하하듯이 만발하였다고 한다.

그래서 대사는 "그 연꽃 사랑스럽기도 하구나!" 하시며 기뻐하였다는 고사에 연유되어 암자의 이름을 애련암(愛蓮庵)이라고 하였다 한다.

절 뒤에는 지금도 대사께서 공부하시던 바위가 그대로 있다.

현재 이곳에는 정면 3칸, 측면 2칸의 극락전과 아담한 요사채가 있다. 그 밖에도 이 절이 유명한 것은 해발 882 m나 되는 학가산 정상 부근에서 솟아나는 맑은 생수와 멀리 내려다보이는 탁 트인 전망은 천하의 절경이다.

마치 천상에서 아래를 내려다보듯 아무리 오래 서 있어도 떠나기 싫은 명승지이다.

極樂殿 극락전

佛身充滿於法界　불신충만어법계
普現一切衆生前　보현일체중생전
隨緣赴感靡不周　수연부감미부주
而恒處此菩提座　이항처차보리좌

부처님은 온 법계에 가득 차 있으며
항상 모든 중생들 앞에 나타나시네.
인연 따라 다다라서 두루 보살펴 주시고
그리고 여기 항상 보리좌에 계시네.

㈜ 부처님의 한량없는 공덕을 찬탄한 게송이다.
 • 법계(法界) … 불법이 미치는 온 천지.
 • 보현(普現) … 모든 곳에 넓게 나타남.
 • 赴 … 나아가서 알릴 부.
 • 靡 … 쓰러질 미, 쏠릴 미.
 • 항처(恒處) … 항상 모든 곳.
 • 보리좌(菩提座) … 깨달음을 얻어 성불하고 계시는 것.

천 성 산 내 원 사
千聖山 內院寺

경상남도 양산군 하북면 용연리 천성산 중턱의 절
(대한불교 조계종 제15교구 통도사의 말사)

신라 문무왕 때 원효대사(元曉大師)가 창건한 유서 깊은 고찰이다.

673년 원효대사가 동래군 장안면 불광산에 있는 척판암(擲板庵)을 창건하고 그곳에 계실 때, 당나라 태화사에 1천 명의 대중이 장마로 인한 산사태로 매몰될 것을 미리 알고 효척판구중(曉擲板求衆)이라고 쓴 큰 판자를 그곳으로 날려 보냈다.

그곳 대중들이 공중에 떠 있는 현판이 신기해서 모두 법당에서 뛰쳐나와 구경하는 순간 절 뒷산이 무너져 큰 절이 매몰되었다.

이러한 인연으로 1천 명의 중국 승려가 신라로 와서 원효의 제자가 되었다고 한다.

원효가 그들이 머물 곳을 찾아 내원사 부근에 이르자 산신이 마중 나와 현재의 산신각 자리에 이르러 자취를 감추었다.

이에 원효는 대둔사(大芚寺)를 창건하고 상·중·하 내원암을 비롯하여 89개의 암자를 세워 1천 명의 중국 승려를 거주시켰다.

그리고 천성산 산봉에서 화엄경을 강론하여 1천 명의 승려를 모두 깨달음을 얻게 하였다.

이때 1천 명이 모두 성인이 되었다고, 산 이름을 천성산(千聖山)으로 부르게 되었다고 한다.

이 거대한 사원은 그 후 조선 초기에 이르러 대둔사 및 상·중 내원암은 없어지고, 하 내원암만 남아서 지금에 이르렀다.

지금은 비구니의 선원으로 유명한 사찰이다.

禪院 선원

(1)

吾眼轉頭關外路

厲杖秋色過衡陽

一業并播秋信早

南坡耘自艸青二

最後別調誰善處

北海泥牛湧碧波

南山石佛吐寒霞

白日青天雷影光

南坡猶自草青青	남파유자초청청
一葉井梧秋信早	일엽정오추신조
雁拖秋色過衡陽	안타추색과형양
無暇轉頭關外路	무가전두관외로
白日青天雷影忙	백일청천뢰영망
南山石虎吐寒霞	남산석호토한하
北海泥牛湧碧波	북해니우용벽파
最後別調誰善應	최후별조수선응

남쪽 언덕에는 오히려 풀이 푸르른데
우물가 오동 한 잎은 벌써 가을을 알리누나.
기러기는 가을을 재촉하며 지나가는데
한가로이 관외(關外)로 나갈 겨를이 없구나.

해가 뜬 맑고 푸른 하늘에 번개 그림자 분주하고
남산에 돌 호랑이 차가운 노을 토하며
북해의 진흙 소 푸른 파도를 일으키는데
가장 깊은 별난 곡조 그 누가 알리.

㈜ • 坡 … 고개 파, 언덕 파.
• 拖 … 끌 타, 잡아당길 타.
• 衡 … 저울대 형, 저울질할 형.
• 浚 … 깊을 준.
• 별조(別調) … 별난 곡조, 보통의 상식으로는 이해 못 할 경계.

※ 이 게송은 선승의 깨달음의 경지를 읊은 게송인 듯, 문자의 뜻을 넘어선 오묘한 뜻이 숨어 있다. 그분의 뜻이 무엇인지 하두를 대하는 마음으로 생각하며 음미해야 하리라.

(2)

雪山深處臥頭陀　설산심처와두타
有事周施無事伸　유사주시무사신
古來相日本來人　고래상일본래인
休言臘後猶寒在　휴언랍후유한재

天到樓邊別是春　천도루변별시춘
金剛一喝抽□窘　금강일갈추□군
雲山疊疊連天碧　운산첩첩련천벽
圓明何處不圓通　원명하처불원통

영산(靈山) 깊은 곳에 두타승(頭陀僧)은 누워 있네.
일 있으면 두루 베풀고, 일 없으면 한가로이 기지개 켜네.
예부터 해는 동쪽에서 오는 밝은 사람과도 같은데
말을 그침은 그 무슨 연유인가.

하늘에 다다른 누변에 봄은 아름다우며
금강의 일갈은 막힘을 없애노라.
첩첩이 쌓인 구름 산은 푸른 하늘과 이어졌는데
원명(圓明)이 어디 메이냐, 원통(圓通)이란 없다네.

㊟ • 설산(雪山) … 신령스러운 산, 여기서는 천성산.
   • 두타(頭陀) … 수행을 열심히 하는 승려.
   • 伸 … 펼 신, 기지개 켤 신.
   • 浚 … 깊을 준, 재물을 뺏을 준.
   • 窘 … 막힐 군, 고생할 군.
   • 원명(圓明) … 훌륭하고 완전한 것.
   • 원통(圓通) … 널리 두루 통함으로써 방해가 없는 것.

(3)

見了眞空空不空　견료진공공불공
近聞羣鳥語啾啾　근문군조어추추
路僻林深無客遊　노벽림심무객유
少室閑居任白頭　소실한거임백두

老夫獨坐棲青嶂　노부독좌서청장
遠望孤蟾明皎皎　원망고섬명교교
可歎往年與今日　가탄왕년여금일
無心還似水東流　무심환사수동류

참공을 모두 알고 보니 공은 공이 아니고
가까이에 들리는 새떼 소리만 요란하네.
깊은 숲 외진 길에 사람 발길 없고
적은 집에 한가로이 살며 백발 오는 대로 맡겨 두리.

늙은 몸 높고 푸른 누각에 홀로 앉았으니
멀리 달빛만 밝고 밝네.
지나가 버린 세월 이제와 탄식한들 무엇하리.
동쪽으로 흘러가는 물처럼 무심히 돌려 보내리.

㊟ • 소실(少室) … 미선승이 참선 공부를 하는 작은 집.
   • 노부(老夫) … 늙은 선승.
   • 청장(靑嶂) … 높고 푸름.
   • 섬(蟾) … 달〔月〕을 말함.
   • 교교(皎皎) … 밝고 맑은 달빛.
   • 왕년(往年) … 지나가 버린 세월.
   • 무심(無心) … 속세의 일에 아무 관심이 없는 것.

(4)

金鷄曉鳴玉鳳啣花

綠竹舍烟靑山鎭翠

萬里白雲一輪紅日

金槌影動寶鈞寒光

龍唫雲起虎嘯風生

密用金針縫頭已露

本自天然不假雕琢

木馬嘶風泥牛吼月

金槌影動寶劍寒光　금퇴영동보검한광
萬里白雲一輪紅日　만리백운일륜홍일
綠竹含烟靑山鎖翠　녹죽함연청산쇄취
金鷄曉唱玉鳳啣花　금계효창옥봉함화

木馬嘶風泥牛吼月　목마시풍니우후월
本自天然不假雕琢　본자천연불가조탁
密用金針縫頭已露　밀용금침봉두이로
龍唫雲起虎嘯風生　용금운기호소풍생

금 몽둥이 그림자 움직이고, 보검 칼날 서늘한데
만 리 흰 구름에, 둥굴고 붉은 해 떠오르네.
녹죽은 연기를 머금고, 청산은 비취색에 잠겨 있는데
금계는 새벽을 노래하고, 봉황새는 꽃을 받드네.

목마는 바람 보고 울부짖고, 진흙 소는 달을 보고 짖는데
하늘의 근본은 항상하며, 거짓으로 꾸민 것이 아니로다.
금침으로 은밀히 이슬 맺힌 파초 머리 꿰매고
용이 입 다무니 구름 일어나고, 호랑이 휘파람에 바람 생기네.

㊜ • 금퇴(金槌) ⋯ 금으로 만든 철퇴. 옛날 무기의 일종.

• 한광(寒光) ⋯ 예리한 칼날에서 비치는 서늘한 빛.

• 일륜홍일(一輪紅日) ⋯ 둥굴고 붉은 해.

• 연(烟) ⋯ 煙(연기 연)과 같은 자.

• 翠 ⋯ 비취색 취.

• 함화(唅花) ⋯ 꽃을 받듦.

• 嘶 ⋯ 울 시.

• 吼 ⋯ 울 후.

• 불가(不假) ⋯ 거짓이 아님.

• 雕 ⋯ 독수리 조.

• 琢 ⋯ 쫄 탁.

• 唅 ⋯ 입다물 금.

• 嘯 ⋯ 휘파람 불 소.

(5)

久住寒山凡幾秋　구주한산범기추
獨吟歌曲絶無憂　독음가곡절무우
蓬扉不掩常幽寂　봉비불엄상유적
泉涌甘漿長自流　천용감장장자류

오래도록 한산에 산 지 모두 몇 년이나 되었을까.
홀로 노래를 부르니 모든 근심 사라지네.
사립문 가리지 않아도 항상 그윽하고 고요하며
샘솟는 달콤한 물 스스로 흘러나오네.

㊟ • 한산(寒山) … 외로운 산속, 고요한 산속.
　• 凡 … 무릇 법, 모두 범.
　• 추(秋) … 춘추(春秋), 세월.
　• 봉비(蓬扉) … 신선이 사는 집의 사립문.
　• 掩 … 가릴 엄, 문닫을 엄.
　• 감장(甘漿) … 달콤한 음료, 맑고 깨끗한 물.
　• 장자류(長自流) … 오래도록 스스로 흘러나옴.

(6)

舌拄梵天口呑四海	설주범천구탄사해
玄關大啓正眼流通	현관대계정안류통
高山流水只貴知音	고산류수지귀지음
竿頭絲線具眼方知	간두사선구안방지

혀로는 범천을 막고 입으로는 사해를 모두 마시니
진리로 통하는 문 크게 열리고, 깨달음의 눈 막힘이 없네.
고산에서 흐르는 물만이 다만 나를 알아주는 귀한 벗이며
11면 관음만이 모든 것을 아는 눈을 갖추셨네.

㊟ • 拄 … 떠받칠 주, 막을 주.
• 현관(玄關) … 깊고 오묘한 이치에 통하는 관문.
• 啓 … 열 계, 인동할 계.
• 정안(正眼) … 깨달음의 눈.
• 유통(流通) … 막힘 없이 통하는 것.
• 지음(知音) … 知音人, 마음이 서로 통하는 친한 벗.
• 간두사선(竿頭絲線) … 11면 관음의 자비로운 반쪽 얼굴면.
• 방지(方知) … 모두를 잘 보고 고루 다 아는 것.

(7)

不移一步到西天　불이일보도서천
妙用方知與物同　묘용방지여물동
端坐諸方在目前　단좌제방재목전
根塵心法都無物　근진심법도무물

좌선하니 한 발짝 옮기지 않아도 서천에 다다르고
신묘한 작용으로 만물이 모두 같음을 알도다.
단정이 앉으니 사방이 모두 눈앞에 있고
근진과 심법, 도무지 없는 것.

㊤ • 서천(西天) … 부처님의 출생지인 인도를 말함.
　• 묘용(妙用) … 신묘(神妙)한 작용.
　• 단좌(端坐) … 단정히 앉아 좌선함.
　• 근진(根塵) … 오근(五根)과 오경(五境)을 가리킴.
　• 심법(心法) … 우주 만유를 색(色)과 심(心)으로 나눌 때 의식 작용의
　　본체.

(8)

若識無中含有象　약식무중함유상
昨日土墻當面立　작일토장당면입
今朝竹牖向陽開　금조죽유향양개
議論吐爲仁義辭　의논토위인의사
文章散作生靈福　문장산작생령복

만일 마음속에 상(象)이 있다는 것을 안다면
어제는 흙벽을 대하고 섰음이요,
오늘 아침 대나무 사립문을 활짝 열리라.
어질고 의로운 말씀 위하여 의논하고
산 사람의 복을 위해서 글을 지으리.

㊒ • 中 … 마음속.
• 상(象) … 集積(집적), 즉 오근(五根) 가운데 특히 신근(身根).
• 토장(土墻) … 흙벽, 墻은 牆과 같음.
• 죽유(竹牖) … 대나무 사립문.
• 생령(生靈) … 생명이 있는 사람.

(9)

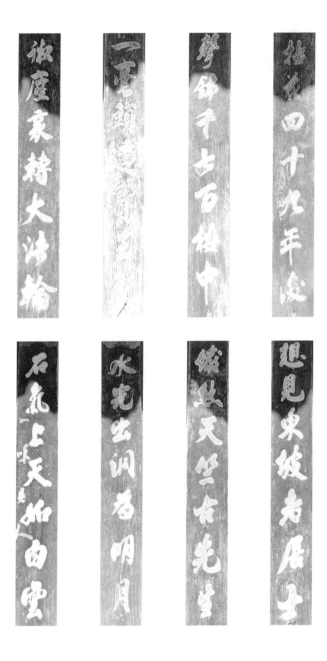

拈花四十九年後   염화사십구년후
擊鉢千七百樓中   격발천칠백루중
一毫頭連寶玉花   일호두연보옥화
微塵哀轉大法輪   미진애전대법륜

想見東坡老居士   상견동파노거사
儼然天竺古先生   엄연천축고선생
水光出洞爲明月   수광출동위명월
石氣上天如白雲   석기상천여백운

꽃을 들어 보인 지 49년 뒤
1700누각에 바릿대 부딪치며 탁발하셨네.
머리에 한 가닥 터럭은 보배로운 꽃이요,
티끌 하나까지도 애처로워 대법륜 굴리시네.

소동파라는 선비 그리워하니
하늘나라 삿갓에는 옛빛이 생기도다.
골짜기에서 나오는 물빛은 명월을 위함이요,
하늘 위로 오르는 돌의 기는 흰 구름과 같도다.

㈜ • 염화(拈花) … 염화미소(拈華微笑).
   • 격발(擊鉢) … 탁발(托鉢)하러 다닌 것을 말함.
   • 대법륜(大法輪) … 부처님의 설법.
   • 상견(想見) … 그리워하는 것.
   • 동파(東坡) … 소동파.

尋牛堂 심우당

我向前谿照碧流

或向巖邊坐盤石

悠悠这事何須覓

石室地爐砂鼎沸

松黃柏茗乳香麗

飢飱一粒伽陀藥

心地調和倚白頸

千年石上古人蹤

萬丈巖前一點空

明月照時常皎潔

不勞尋討問西東

心似孤雲無所依

我向前谿照碧流　아향전계조벽류
或向巖邊坐盤石　혹향암변좌반석
悠悠世事何須覓　유유세사하수멱
石室地爐沙鼎沸　석실지로사정비
松黃柏茗乳香甌　송황백명유향구
飢餐一粒伽陀藥　기찬일립가타약
心地調和倚白頭　심지조화의백두

千年石上古人蹤　천년석상고인종
萬丈巖前一點空　만장암전일점공
明月照時常皎潔　명월조시상교결
不勞尋討問西東　불로심토문서동
心似孤雲無所依　심사고운무소의

앞 개울 향해 푸른 물 비쳐 보고
혹은 바위 향해 반석같이 앉도다.
유유한 세상사 무엇을 찾을 것인가.
석실 바닥 화로 솥에는 물이 끓는다.
소나무 꽃, 잣나무 싹, 차향기도 좋으니
굶주릴 때 먹는 한 톨의 곡식은 선승의 약이로다.
마음은 오로지 백발에 의지해서 조화로울 뿐!

천 년 묵은 돌 위에는 옛사람의 자취 있고
만 길 바위 앞에 선 일점(一點)은 공(空)이로다.
밝은 달 비출 때 마음 항상 깨끗하니
수고로이 동서를 찾는 번거로움 없네.
마음은 외로운 구름, 취하고 의지할 바 없도다.

㈜ • 谿 … 시내 계.
 • 반석(盤石) … 넓고 편편한 큰 돌.
 • 유유(悠悠) … 움직임이 한가하고 느림.
 • 세사(世事) … 세상의 일들.

- 覓 … 찾을 멱.
- 鼎 … 솥 정.
- 송황(松黃) … 소나무 꽃.
- 백명(柏茗) … 잣나무 싹으로 만든 차.
- 가타(伽陀) … 부처님의 제자.
- 동서(東西) … 동토서천(東土西天), 즉 중국과 인도.
- 일점(一點) … 참선하는 선승.
- 교결(皎潔) … 달이 밝고 맑음.

만 행 산　선 원 사
萬行山 禪院寺

남원시 도통동 만행산에 있는 절
(대한불교 조계종 제17교구 금산사의 말사)

875년(헌강왕 1년)에 도선선사(道詵禪師)께서 창건한 사찰이다.

사적비에 의하면 도선선사가 남쪽의 산천을 유력하다가 남원에 이르러 남원의 산세를 두루 살펴본 끝에 남원의 진압사찰로 이 절을 창건하고 약사여래를 봉안하였다고 한다.

초창기에는 당우가 30개가 넘는 큰 사찰이었으나, 그 후 여러 번의 흥패를 거듭하여 1597년(선조 30년) 정유재란 때 왜군에 의해서 완전히 불타 버렸다.

1754년(영조 30년) 새로 부임한 남원부사 김세평(金世平)이 약사전과 명월당을 재건하여, 창건 당시에 모셨던 철불을 약사전에 안치하였다.

남원 시내에 자리잡은 이 절은 유서 깊은 고찰이기는 해도 주변의 환경 때문에 고찰다운 운치는 전혀 찾아볼 수 없으나, 철조 약사여래상만은 거룩하고 유명하다.

大雄殿 대웅전

若人欲識佛境界　약인욕식불경계
當淨其竟如虛空　당정기경여허공
遠離妄想及諸趣　원리망상급제취
令心所向比無礙　영심소향비무애

사람들이 부처님의 경계를 알고자 한다면.
마땅히 그 뜻을 허공과 같이 맑게 하여라.
망상과 모든 업행(業行) 다 끊고서
마음 자리 모두 거리낌없어야 하느니라.

㊟ • 竟 … 다할 경, 뜻이 극에 이른 경계.
　• 제취(諸趣) … 모든 악업.

七星閣 칠성각

古聖與悲作七星	고성여비작칠성
人間壽福各司同	인간수복각사동
隨感赴緣如月印	수감부연여월인
空界循環濟有情	공계순환제유정

(글 : 석문의범)

옛성인이 자비심으로 칠성이 되니
인간의 목숨과 복을 각각 관장함이라.
인연 따라 감음하되, 천 강에 달 비치듯이
허공계에 돌고 도는 유정들을 제도하도다.

㊟ • 고성(古聖) … 옛성인.
　• 비(悲) … 자비심.

- 감(感) … 감응.
- 월인(月印) … 월인천강(月印千江).
- 공계(空界) … 허공계.
- 칠성(七星) … 칠원성군의 준말.
- 유정(有情) … 마음이 있는 생물.

藥師殿 약사전

虛空境界豈思量 허공경계기사량
大道清幽理更長 대도청유리갱장
但得五湖風月在 단득오호풍월재
春來依舊百花香 춘래의구백화향

(글 : 서산대사)

허공계를 어찌 사랑하랴.
대도는 맑고 그윽하고 이치가 한없이 장원(長遠)하다.
다만 오호의 풍광과 월색이 있음을 터득하면
봄이 옴에 예전처럼 온갖 꽃이 향기로우리.

㊀ • 허공(虛空) … 허공계를 말함. 빛도 모양도 없으면서 일체 만유를 휩싸
고 있는 것.
• 경계(境界) … 나누어지는 자리.
• 사량(思量) … 생각하여 헤아림.
• 대도(大道) … 사람이 마땅히 지켜야 할 큰 도리.
• 청유(清幽) … 속세와 떨어져 조촐하고 그윽함.
• 이(理) … 동양 철학에서 우주의 본체를 일컫는 말.
• 의구(依舊) … 옛날과 같음.

주 흘 산　　혜 국 사
主屹山　惠國寺

경상북도 문경군 문경읍 상초리 주흘산에 있는 절
(대한불교 조계종 제8교구 본사인 직지사의 말사)

문경 제일관문을 지나 오른쪽으로 열린 가파른 길을 올라가면 험준한 주흘산 산허리에 아담한 고찰이 있다.

이 절은 신라말 보조국사(普照國師)가 창건한 신라 고찰인데, 창건 당시에는 법흥사(法興寺)라고 하였다.

함부로 접근하기 어려운 이 절에는, 고려말 공민왕이 홍건적의 난을 피해서 이곳에 피난온 적이 있으며, 지금도 그 유적이 남아 있다.

임진왜란 때에는 의승(義僧)이 많이 나와 나라를 구하는 데 크게 공헌하였으므로 나라에서 절 이름을 혜국사라고 고쳐 부르게 하였다.

교통의 불편과 찾아드는 사람들이 적어서, 해방될 때만 해도 모든 당우가 퇴락되어 폐사되기 직전이었는데, 근년에 와서 대웅전을 비롯 요사채 등을 새로 중창하여 옛면모를 되찾았다.

부속 암자로는 안적암(安寂庵), 은선암(隱仙庵), 용화암(龍華庵)이 있다.

주흘산 등산로에 있는 이 절은 지금은 비구니들의 선 도량으로, 열심히 공부하는 많은 비구니 스님들이 모여 기도를 하고 있으며, 오염되지 않은 자연 경관이 당우와 조화를 이루어 더욱 거룩하게 느껴진다.

大雄殿 대웅전

無量劫中修行滿	무량겁중수행만
菩提樹下成正覺	보리수하성정각
爲度衆生普現身	위도중생보현신
如雲充滿盡未來	여운충만진미래

한없이 오랜 세월 동안 수행을 모두 쌓아
보리수 아래에서 바른 깨달음 이루시고
중생 구하시려 온 세상 넓게 몸을 나타내시니
구름이 충만하듯이 언제까지나 그침이 없네.

㈜ • 겁(劫) ⋯ 지극히 길고 오랜 세월.
• 정각(正覺) ⋯ 온갖 번뇌를 끊어 버린 부처의 경지.
• 도(度) ⋯ 제도.
• 진미래(盡未來) ⋯ 미래가 다하도록, 즉 언제까지라도.

불 영 산   청 암 사
佛靈山 靑巖寺

●

경북 금릉군 증산면 불영산에 있는 사찰
(대한불교 조계종 제8교구 본사인 직지사의 말사)

불영산 중턱, 아담한 분지 속에 자리잡은 이 절은 859년(헌강왕 3년)에 도선선사(道詵禪師)가 창건한 고찰이며, 그 후 많은 우여곡절을 겪어 왔으나 지금도 옛모습을 잘 간직한 고색 찬란한 아름다운 고찰이다.

이 절에 비치된 옛날 시주록에 의하면 상궁의 이름이 무려 43명에 달하고 있는데, 이는 조선 말기 궁전 내부에서 불교에 대한 신앙심이 크게 일어남을 보여 주고 있을 뿐만 아니라, 그들이 청암사에 끼친 영향이 크다는 것을 짐작케 한다.

이처럼 산속에 있는 청암사가 왕실 주변과 밀접한 관계를 지니게 된 데는, 아마도 숙종의 계비 인현왕후가 서인으로 있을 당시 이곳 극락전에 기거하면서 기도드렸던 인연에 기인한 것으로 짐작된다.

현재도 극락전에는 별채의 건물이 남아 있는데, 이는 인현왕후를 위하여 건립된 왕실 건축 양식이라는 말이 있다.

그래서 청암사는 이와 같은 인현왕후와의 연관으로 인하여 조선시대 말기에도 많은 상궁들이 가끔 이곳에 내려와 신앙 생활을 하였던 것으로 유명하다.

현재는 지형(志炯) 비구니 스님이 1987년 3월 청암사 승가대학을 설립하여 착실히 운영하고 있고, 100여 명의 비구니 스님들이 수행·정진하는 도량으로 되어 있다.

大雄殿 대웅전

佛身普遍十方中	불신보변시방중
三世如來一體同	삼세여래일체동
廣大願雲恒不盡	광대원운항부진
汪洋覺海渺難窮	왕양각해묘난궁

(글 : 화엄경 게송)

부처님의 몸 온 세상에 두루 나타나시니
삼세의 여래가 모두가 함께하네.
광대한 서원 구름같이 다함이 없고
넓고 넓은 깨달음의 바다 아득하여 끝이 없네.

㊜ • 보변(普遍) … 모든 것에 두루 미치고 통함.
• 시방(十方) … 사방, 사우, 상하를 통틀어서 일컫는 말.
• 원운(願雲) … 구름같이 많은 소원과 서원.
• 왕양(汪洋) … 미루어 헤아리기 어렵도록 넓음.
• 각해(覺海) … 깨달은 불교의 세계.
• 渺 … 아득할 묘.

봉 미 산 　 신 륵 사
鳳尾山　神勒寺

●

경기도 여주군 북내면 천송리 봉미산 기슭에 있는 사찰
(대한불교 조계종 제2교구 본사인 용주사의 말사)

　전설에 의하면 신라 진평왕 때 원효대사가 창건하였다고 하나 확실하지는 않다.

　절 이름을 신륵이라 한 것은 미륵(彌勒)께서 신기한 굴레로써 사납게 날뛰는 용마를 잡았다는 전설에서 생겨났다는 설과, 고려 고종 때 절 건너편 마을에 나타난 용마가 걷잡을 수 없이 사나웠으므로 사람들이 겁을 먹고 잡을 수 없었는데, 그때 인당대사(印塘大師)가 고삐를 잡으니 말이 순순히 따랐으므로 신력(神力)에 의해서 잡았다 하여 절 이름을 신륵사라 하였다는 설이 있다.

　그러나 무엇보다 이 절이 유명하게 된 것은 나옹화상(懶翁和尙)이 이곳에서 갖가지 이적을 보이면서 입적하였기 때문이다.

　나옹화상이 입적할 때 오색의 구름이 산마루를 덮었고, 구름도 없는 맑은 하늘에서 비가 내렸는가 하면, 그의 몸에서 수많은 사리가 나왔고, 장례 때는 용이 호상(護喪)을 하였던 일들이 일어났다.

　지금도 나옹화상의 부도가 그때의 일들을 말해 주듯 남아 있다.

　경내에는 이태조가 손수 심었다는 나무가 지금도 푸르르며, 나옹화상이 짚고 다니던 지팡이를 땅에 꽂아 자라났다는 전설의 큰 은행나무가 있다.

鳳尾山神勒寺

九龍樓 구룡루

梵王帝釋四天王	범왕제석사천왕
佛法門中誓願堅	불법문중서원견
列立招提千萬世	열립초제천만세
自然神用護金仙	자연신용호금선

(글 : 석문의범)

범천왕, 제석천, 그리고 사천왕
불법 문중에서 서원도 굳건해라.
가람 주위 늘어서서 천만 년을 수호하네.
자연스런 신통묘용 부처님을 보호하네.

㈜ • 범왕(梵王) … 범천왕, 바라문교에서 교조로 위하는 우주의 창조신.
  • 제석(帝釋) … 제석천, 수미산 꼭대기 도리천의 임금.
  • 사천왕(四天王) … 지국천, 증장천, 관목천, 다문천의 사왕천.
  • 서원(誓願) … 수행의 목적을 위해 스스로 다짐함.
  • 堅 … 굳을 견.
  • 열립(列立) … 일을 벌리고 세움.
  • 초제(招提) … 관부에서 사액한 절.
  • 금선(金仙) … 부처님.

尋劍堂 심검당

敎外別傳	교외별전
不立文字	불입문자
直指人心	직지인심
見性成佛	견성성불

마음에서 마음으로 전하며
문자에 의지하지 않고
오직 사람의 마음을 지도하여
자기의 본성을 깨달아 성불하라.

㈜ • 교외별전(敎外別傳) … 선종에서 경서에 나타난 언설교 밖에 석존이
  마음으로써 마음을 전하여 특별히 깊은 뜻을 전하여 주는 일.
 • 불입문자(不立文字) … 법을 전할 때 말이나 글로 하지 않고 마음에서
  마음으로 전하는 일.
 • 직지인심(直指人心) … 교리를 생각하거나, 계행을 닦지 않고 직접 사
  람의 마음을 지도하여 불과를 이루게 하는 일.
 • 견성성불(見性成佛) … 자기의 본성을 깨달으면 부처가 됨.

極樂寶殿 극락보전

具足神通力	구족신통력
廣修智方便	광수지방편
十方諸國土	시방제국토
無刹不現身	무찰불현신

(글 : 관음경)

신통력을 구족하고
지혜의 방편력 두루 하여서
시방세계 모든 국토 어느 곳에든
그 몸 나타나시지 않는 곳 없네.

㉣ • 구족(具足) … 모두를 다 갖춤.
 • 신통력(神通力) … 모든 것을 마음대로 할 수 있는 힘.
 • 방편(方便) … 불보살이 중생구제를 위해서 쓰는 묘한 수단.
 • 현신(現身) … 부처가 여러 가지 모습으로 그 몸을 나타냄.

竹壽之室 죽수지실

受囑擁護	수촉옹호
應供福田	응공복전
恩威竝行	은위병행
普度含靈	보도함령

옹호하기 부탁받아
복전을 공양받고
은혜와 위험 모두 행하여
넓게 중생을 제도하리.

㊀ • 囑 … 부탁할 촉.
• 옹호(擁護) … 두둔하고 편들어 보호함.
• 응공(應供) … 모든 중생으로부터 공양을 받을 만한 사람.
• 복전(福田) … 복 받기 위해 선행할 대상인 부처를 밭에 비유.
• 함령(含靈) … 심령을 갖고 있다는 뜻으로 중생을 지칭함.

寂默室 적묵실

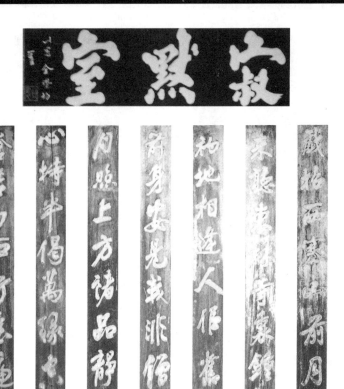

戱招西寒山前月	희초서한산전월
來聽東林寺裏鐘	내청동림사리종
初地相逢人似舊	초지상봉인사구
前身安見我非僧	전신안견아비승
月照上方諸品靜	월조상방제품정
心持半偈萬緣空	심지반게만연공
蒼苔白石行應遍	창태백석행응변

서쪽에는 한산 앞에 있던 달을 불러 놓고
동쪽 숲속에 절 종소리를 듣도다.
같은 땅에서 만난 사람 서로 구면이 되고
전신을 살펴보니, 나는 승려가 아니로다.
달은 위에서 비추니 모든 품류가 고요하고
마음가짐 편히 하니 만 가지 인연이 모두 공이로다.
흰 돌의 푸른 이끼처럼 되는 대로 맡겨 두네.

㊀ • 내청(來聽) … 와서 들음.
 • 전신(前身) … 전생의 몸.
 • 품(品) … 종류가 같은 것, 정도가 같은 것.
 • 심지(心持) … 마음가짐.

祖師堂 조사당

신륵사 조사당
神勒寺 祖師堂

보물 제180호.
소재지 : 경기도 여주군 북내면 천송리

이 건물은 조선 초기 예종때 건립된 것으로 추정
睿宗 初期 睿宗
되며 불단 후벽 중앙에 나옹, 그 좌우에 지공 및
佛壇 懶翁 指空
무학대사의 영정을 모시고 있다.
無學大師 影幀
건물은 낮은 석단 위에 남향하여 세운 작은 규모
石壇
의 당우로 정면 1칸의 건물로 내부는 모두 우물
戶宇
반자를 짜아 대들보가 보이지 않는 것이 특징이다.

공포는 내·외를 모두 이출목으로 한 다포계
栱包 二出目 多包系
형식으로 그 조각 수법은 초기적 특징을 나타내고
있다.

| 禪指西天爲骨髓 | 선지서천위골수 |
| 教設東土作笙簧 | 교설동토작생황 |

선은 서천을 잊지 말고 마음속에 깊이 새기고
교는 동토에 넓게 울려 퍼지도록 하라.

㊐ • 서천(西天) … 부처님 탄생하신 인도.
• 골수(骨髓) … 잊지 않도록 마음속에 깊이 새김.
• 동토(東土) … 동방의 나라들.
• 생황(笙簧) … 아악에 쓰이는 관악기의 일종. 여기서는 악기 소리처럼
넓게 퍼지는 것을 뜻함.

梵鐘閣 범종각

聞鐘聲煩惱斷	문종성번뇌단
智慧長菩提生	지혜장보리생
離地獄出三界	이지옥출삼계
願成佛度衆生	원성불도중생

(글 : 종송)

이 종소리 들으시고 번뇌망상(煩惱妄想) 끊으소서.
지혜(智慧)가 자라고 보리심(菩提心)을 발(發)하소서.
지옥고(地獄苦)을 여의고 삼계(三界)를 뛰쳐나와
원컨대 성불(成佛)하시고 중생제도(衆生濟度)하옵소서.

㈜ • 번뇌(煩惱) … 마음이 시달려서 괴로움.
   • 보리(菩提) … 불생불멸의 진리를 깨닫는 지혜.

※ 이 게송은 종을 치는 스님의 마음이 되어 음미하는 것이 좋다. 여러 번 읊어 보면
   종소리와 같은 음율이 들려 오리라.

冥府殿 명부전

利益人天無量事

見聞瞻禮一念間

恒河沙劫說難盡

地藏大聖威神力

地藏大聖威神力 　지장대성위신력
恒河沙劫說難盡 　항하사겁설난진
見聞瞻禮一念間 　견문첨례일념간
利益人天無量事 　이익인천무량사

(글 : 지장경)

지장보살님의 위신력이여
억겁을 두고 설명해도 다하기 어렵나니.
보고 듣고 예배하는 잠깐 사이에
인천(人天)에 이익된 일 무량하여라.

㈜ 지장보살의 위신력을 찬탄하고, 잠깐이라도 지장보살을 예경하면 모든 사람들에게 한량없는 이익이 온다는 것을 깨우쳐 주는 게송이다.
  • 항하사(恒河沙) … 한량없이 많은 수.
  • 겁(劫) … 무한히 긴 시간의 단위.
  • 일념간(一念間) … 아주 짧은 잠깐 사이.

삼 각 산   진 관 사

三角山 津寬寺

•

서울시 은평구 진관외동 삼각산 북쪽 기슭에 있는 절
(대한불교 조계종 제1교구 본사 조계사의 말사)

이 절은 원래 신라 진덕왕 때 원효대사(元曉大師)가 창건하여 신혈사(神穴寺)라고 하였는데, 그 뒤에 고려 현종이 중창하고 절 이름도 진관사로 고쳤다.

고려 경종이 죽자 젊은 왕비는 왕태후가 되어 파계승 김치양과 정을 나누다가 사생아를 낳게 되었다. 그때 목종에게 아들이 없어 태조의 아들이던 욱(郁)의 직손인 대양원군(大良院君)이 왕위 계승자로 정해졌다.

그러나 왕태후는 그를 없애고 자신이 낳은 사생아를 왕으로 옹립하기 위하여 대양원군을 참소해서 숭경사(崇慶寺)에 가두고 암살할 기회는 엿봤으나 뜻을 이루지 못했다.

그러자 대양원군을 다시 삼각산 신혈사로 옮기도록 하였다.

신혈사에는 그때 진관(津寬) 스님이 혼자서 수도하고 있던 곳이기 때문에 암살이 용이하리라 생각했기 때문이다.

그러나 그러한 눈치를 알아차린 진관 스님은 본존불을 안치한 수미단 밑에 지하 굴을 파고 12세의 대양원군을 숨겼으므로 왕후가 보낸 자객의 화를 여러 번 면할 수 있었다.

그 뒤 목종이 죽자 대양원군이 득위하여 현종이 되었고, 1011년 진관 스님의 은혜에 보답하고자 신혈사 자리에 대가람을 지어 절 이름을 진관사라 하였다.

서울 도심에서 가까운 이 절에는 많은 불자들의 발길이 끊이지 않고 특히 대웅전의 본존불은 현종의 목숨을 구해 준 부처님이라고 하여 유명하다.

大雄殿 대웅전

殿雄大

佛身充滿於法界
普現一切衆生前
隨緣赴感靡不周
而恒處此菩提座

廣大願雲恒不盡
汪洋覺海渺難窮

佛身充滿於法界　불신충만어법계
普現一切衆生前　보현일체중생전
隨緣赴感靡不周　수연부감미부주
而恒處此菩提座　이항처차보리좌

廣大願雲恒不盡　광대원운항부진
汪洋覺海渺難窮　왕양각해묘난궁

(글 : 석문의범)

부처님은 온 법계에 가득하게 차 계시며
항상 모든 중생들 앞에 나타나시네.
인연 따라 다다라서 두루 보살펴 주시고
그리고 모든 곳에 깨달음의 지혜 베풀어 주시네.

광대한 서원 구름같이 다함이 없고
넓고 넓은 깨달음의 바다 아득하여 끝이 없네.

㈜ • 법계(法界) … 부처님의 법이 미치는 온 세계.
　 • 수연(隨緣) … 어떠한 영향을 받아 사물이 움직임.
　 • 부감(赴感) … 마음을 움직여 나감.

冥府殿 명부전

地藏大聖威神力　지장대성위신력
恒河沙劫説難盡　항하사겁설난진
見聞瞻禮一念間　견문첨례일념간
利益人天無量事　이익인천무량사

〔글 : 지장경〕

지장보살님의 위신력이여
억겁을 두고 설명해도 다하기 어렵나니
보고 듣고 예배하는 잠깐 사이에
인천(人天)에 이익된 일 무량(無量)하여라.

㈜ • 위신력(威信力) … 위엄과 신용의 힘.
 • 첨례(瞻禮) … 예배하는 일.
 • 일념(一念) … 전심으로 염불하는 일.
 • 인천(人天) … 인간계와 천계.

羅漢殿 나한전

無邊無量圓法珠之三昧	무변무량원법주지삼매
正等正覺妙雜華之一宗	정등정각묘잡화지일종
盡雪牛於上乘十六羅漢	진설우어상승십육라한
湧火蓮於法界一初如來	용화연어법계일초여래

끝없고 가이없이 깊고 원만한 법계의 삼매
위없이 묘하고 바른 깨달음 일종(一宗)의 꽃이로다.
눈이 그치자 소를 탄 16 나한님들
연꽃이 만발한 법계에 제일 먼저 오시네.

㊟ • 삼매(三昧) … 마음을 모아 생각에 잠기는 경지.
 • 일종(一宗) … 불교의 한 종파.
 • 용화(湧火) … 불꽃이 일 듯 아름다움.
 • 일초(一初) … 가장 먼저.
 • 여래(如來) … 뜻대로 마음대로 옴.

七星閣 칠성각

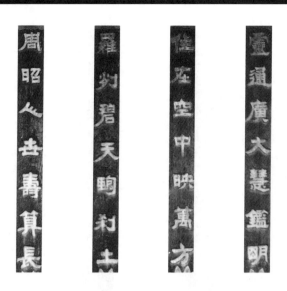

靈通廣大慧鑑明	영통광대혜감명
住在空中映萬方	주재공중영만방
羅列碧天臨刹土	나열벽천임찰토
周昭人世壽算長	주소인세수산장

(글 : 석문의범)

신통력 도통하여 광대한 지혜 거울같이 밝으시고
공중에 사시며 모든 곳 두루 비추시네.
자비로운 푸른 하늘을 국토에 임하게 하고
인간 세상 두루 비추고 목숨 연장해 주시네.

㊀ • 영통(靈通) … 영검이 있어 신묘하게 통함.
  • 감명(鑑明) … 거울과 같이 밝음.
  • 만방(萬方) … 마음과 몸이 쓰이는 모든 곳.
  • 나열(羅列) … 나란히 늘어놓음.
  • 찰토(刹土) … 국토.
  • 산장(算長) … 헤아려 연장함.

獨聖殿 독성전

松巖隱跡經千劫 송암은적경천겁
生界潛形入四維 생계잠형입사유

(글 : 석문의범)

소나무 바위 그늘에 자취 감추고 천겁을 지나
생계에 형적을 감추고 사방에 들어오시네.

㊟ • 생계(生界) … 생물계.
• 잠형(潛形) … 형적을 감추고 드러내지 않음.
• 사유(四維) … 사방의 네 방위.
• 은적(隱跡) … 은밀히, 드러내지 않고.

那迦院 나가원

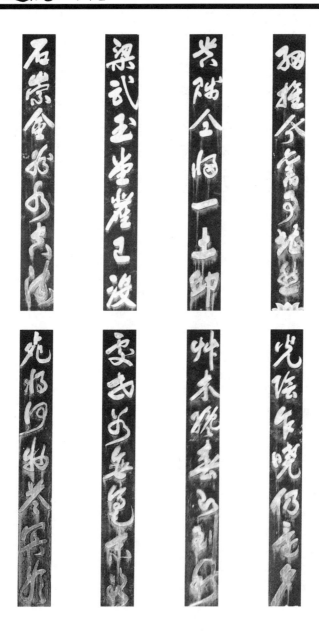

細推今舊事堪愁　세추금구사감수
貴賤同歸一土邱　귀천동귀일토구
梁武玉堂塵已沒　양무옥당진이몰
石崇金谷水空流　석숭금곡수공류
光陰乍曉仍還夕　광음사효잉환석
草木纔春卽到秋　초목재춘즉도추
處世若無毫末善　처세약무호말선
死將何物答冥侯　사장하물답명후

잡다한 작은 일 당해 시름 못 견딜손가.
귀한 이나 천한 이나 모두 흙으로 돌아가기는 마찬가지
양무제의 화려한 궁궐도 이미 먼지 속에 사라졌고
석숭의 황금도 빈 바다의 물거품이 되었도다.
광음은 잠깐 새벽이었다가 곧 저녁이 되어 버리고
자연은 겨우 봄이 간 듯싶으니 다시 곧 가을이 되고 마네.
세상 살아감에 작은 일까지 최선을 다하지 못한다면
장차 죽은 다음 명부 물음에 무엇으로 대답하리.

㊟ • 推 … 옮을 추, 변천할 추.
• 구사(舊事) … 어떤 일에 직접 당함.
• 堪 … 견딜 감.
• 동귀(同歸) … 귀착점이 같음.
• 양무(梁武) … 중국 양나라의 무제.
• 옥당(玉堂) … 화려한 집, 또는 궁궐.
• 석숭(石崇) … 중국 진나라 때의 큰 부호.
• 광음(光陰) … 짧은 시간.
• 乍 … 잠깐 사.
• 초목(草木) … 산천 초목, 곧 자연.
• 纔 … 겨우 재.
• 처세(處世) … 세상에서 살아감.
• 말선(末善) … 다하지 못함.
• 명후(冥候) … 명부(冥府) 염라대왕의 질문.

弘濟樓 홍제루

慈光照處蓮花出　자광조처연화출
慧眼觀時地獄空　혜안관시지옥공
又況大悲神呪力　우황대비신주력
衆生成佛刹那中　중생성불찰나중

자비광명이 비추는 곳에 연꽃이 피고
지혜의 눈이 열릴 때 지옥도 텅 비네.
또한 부처님은 대자대비하신 신통한 주력으로
중생을 찰나 중에 성불시켜 주시도다.

㈜ • 자광(慈光) … 자비로운 은혜.
 • 혜안(慧眼) … 진리를 밝히 보는 슬기로운 눈.
 • 우황(又況) … 뿐만 아니라.
 • 대비(大悲) … 대자대비.
 • 주력(呪力) … 신비한 주술의 힘.
 • 찰나(刹那) … 75분의 1에 해당하는 극히 짧은 시간.

정 족 산 　 전 등 사
鼎足山 傳燈寺

경기도 광화군 길상면 정족산에 있는 고구려 고찰
(대한불교 조계종 제1교구 본사인 조계사의 말사)

전하는 말에 의하면 381년(소수림왕 11년) 아도화상(阿道和尙)이 창건한 고찰이며, 창건 당시의 절 이름은 진종사(眞宗寺)라고 했다.

그 뒤 1266년에 이르러 중창하였고, 충렬왕비인 정화공주(貞和公主)가 승려 인기(印奇)에게 부탁하여 송나라에서 대장경을 인출하여 이 절에 보관하도록 하고 또 옥등(玉燈)을 시주하였으므로 절 이름을 전등사(傳燈寺)라고 고쳐 부르게 되었다.

여러 차례의 화재로 소실과 중창이 거듭되었는데, 지금 남아 있는 법당은 이조 중기에 건축된 대표적 목조 건물이다.

이 법당의 귀기둥에는 나녀상이 조각되어 있어서 눈길을 끄는데, 거기에는 다음과 같은 전설이 있다.

법당을 짓는 대목은 당대의 명공이었는데, 그가 절을 짓느라 여색을 멀리 하고 전심전력 불사를 하는 동안, 그의 아내는 딴 사내와 눈이 맞아 도망을 치고 말았다. 이를 안 목공은 분해서 음식도 전폐하고 일도 하지 않더니, 어느 날 크게 깨닫고 다시 연장을 잡았다.

그리고 지붕 밑에 깔리어 머리로 떠받고 고통을 당하며 뭇 사람에게 알몸을 드러내 수치를 겪지 않을 수 없는 그녀의 나체상을 조각해 냈다는 것이다.

樓閣 누각

終日無忙事	종일무망사
焚香過一生	분향과일생
山河天眼裏	산하천안리
世界法身中	세계법신중
聽租明聞性	청조명문성
看花悟色空	간화오색공
縣泉百丈餘	현천백장여
薄雲岩際痕	박운암제흔
孤月浪中飜	고월랑중번
袖中有東海	수중유동해
嶺上多白雲	영상다백운
靑山塵外相	청산진외상

온종일 바쁜 일 없이 한가로이
향 사르며 일생 보내리라.
산하(山河)는 천안(天眼) 속에 있고
세계는 그대로가 법신(法身)일세.
새 소리 듣고 자성(自性) 자리 밝히고
꽃을 보고 색(色)과 공(空)을 깨치네.

폭포는 백 길이 넘으며
엷은 구름 바위 사이에서 일고
외로운 달은 파도 속에 잠겼는데
옷소매 가운데 동해가 있도다.
봉우리 위에는 흰 구름도 많은데
청산은 티끌 밖의 세상이로다.

㊀ • 분향(焚香) … 향을 사르다, 즉 불도를 닦으며 수행함.
  • 천안(天眼) … 천도에 나거나 선을 닦아서 얻는 눈.
  • 법신(法身) … 불법을 완전히 깨달은 부처의 몸.
  • 성(性) … 자성본불(自性本佛), 본디부터 갖추어 있는 불성.
  • 현천(縣泉) … 폭포.
  • 壞 … 瑰(구슬 이름 괴)와 동.
  • 박운(薄雲) … 엷게 낀 구름.
  • 고월(孤月) … 쓸쓸하고 외롭게 느껴지는 달.

大雄寶殿 대웅보전

佛身普遍十方中	불신보변시방중
月印千江一切同	월인천강일체동
四智圓明諸聖士	사지원명제성사
賁臨法會利群生	분림법회이군생

〔글 : 화엄경〕

부처님은 온 세상에 두루 계시며
천 개의 강에 달 그림자 비치는 것과 꼭 같도다.
사지(四智)에 능통하게 밝으신 모든 성스러운 분들
법회에 크게 임해서 모든 백성들 이롭게 하시네.

㈜ •사지(四智) … 부처가 갖추는 4가지 지혜.
 •원명(圓明) … 밝고 원만함.
 •성사(聖士) … 도통한 성스러운 사람.

極樂殿 극락전

有物先天地	유물선천지
無形本寂寥	무형본적요
不逐四時凋	불축사시조
能爲萬像主	능위만상주

천지 창조보다 앞서 한 물건 있었도다.
그것은 형태도 없고 본래 적적하고 고요하며
사철 변화에 따라 시들지도 않으나
능히 모든 물건의 으뜸이 되고도 남음이 있도다.

㊟ • 적요(寂寥) … 적적하고 고요함.
　• 물(物) … 물건, 실체.
　• 逐 … 쫓을 축.
　• 사시(四時) … 춘하추동 사계절, 세월.
　• 凋 … 시들 조.
　• 만상(萬像) … 모든 물건의 현상.

藥師殿 약사전

一念普觀無量劫	일념보관무량겁
無去無來亦無住	무거무래역무주
如是了知三世事	여시료지삼세사
超諸方便成十力	초제방편성십력

(글 : 화엄경 광명각품)

한 생각에 한 없이 긴 세월도 널리 관하니
오고 감은 물론이고 머무름도 또한 없도다.
이와 같이 삼세의 일 모두를 안다면
모든 방편 뛰어넘어 심력 갖춘 부처님 이루리.

㈜ • 보관(普觀) … 극락정토의 주불인 아미타불과 그를 둘러싼 모든 것을
     관상(觀想)하는 일.
   • 여시(如是) … 이와 같이.
   • 요지(了知) … 다 깨달아 앎.
   • 방편(方便) … 불보살이 중생 제도를 위해 쓰는 묘한 수단.
   • 십력(十力) … 부처만이 가진 열 가지 심력(心力).

三聖閣 삼성각

靈山昔日如來囑
威振江山度眾生
萬里白雲青嶂裡
雲車鶴駕任閒情

영산석일여래촉
위진강산도중생
만리백운청장리
운차학가임한정

(글 : 석문의범)

옛날 영산(靈山)에서 부처님의 위촉으로
이 강산의 중생 제도하기 위해 위엄 떨치셨네.
만 리 뻗어 있는 흰 구름과 푸른 산봉우리 뒤에서
구름수레 타고 한가로이 지내시네.

㊜ • 석일(昔日) … 옛날.
 • 여래(如來) … 석가모니여래.
 • 위진(威振) … 위엄을 떨침.
 • 청장(靑嶂) … 길게 늘어 있는 푸른 산봉우리들.
 • 학가(鶴駕) … 귀한 분이 행차하는 일. 원래는 왕세자가 대궐 밖에 나
  가는 일을 뜻함.

화악산 적천사
華岳山 蹟川寺

적천사 은행나무

●

경북 청도군 청도읍 원리 화악산에 있는 사찰
(대한불교 조계종 제9교구 본사인 동화사의 말사)

노송림 사이에 자리잡은 이 절은 신라 문무왕 4년(664년) 원효대사께서 수도하기 위해 토굴을 지은 데서 비롯되었다고 한다.

그 뒤 흥덕왕 3년(828년)에 심지왕사(心地王師)가 중창하였으며, 고승 혜철화상(惠哲和尙)이 수행한 곳으로도 유명하다.

고려시대에 이르러 <계초심학인문(誡初心學人文)> 등의 저서로 유명한 지눌선사(知訥禪師)께서 크게 중창하였다.

그리하여 그 당세에는 참선하는 수행승이 언제나 500명이 넘었다고 한다.

지눌선사께서 이 절을 중창할 때 이야기로는, 이 절 부근 숲속에 많은 도적 떼들이 살고 있었는데 늘 절을 괴롭혔다고 한다.

그래서 지눌께서는 가랑잎에 범호(虎) 자를 많이 써서 신통력으로 호랑이를 만들어 절 부근 산에 풀어 놓으니, 도적들이 호랑이를 보고 겁을 내어 모두 도망을 치고 말았다는 이야기가 있다.

그때의 역사를 말해 주듯 지금도 절 앞에 지눌(보조국사)이 심었다고 하는 거대한 은행나무가 푸르게 살아 있다.

大雄殿 대웅전

天上天下無如佛 천상천하무여불
十方世界亦無比 시방세계역무비
世間所有我盡見 세간소유아진견
一切無有如佛者 일체무유여불자

(글 : 화엄경)

천상천하 어느 곳에도 부처님 같으신 분 없나니
시방세계에도 비교할 때 없네.
세상천지 내가 다 보아도
부처님같이 귀하신 분 없도다.

㉜ 이 우주 만유를 다 살펴보아도, 세간의 모든 것을 다 훑어보아도 부처님
보다 더 귀하고 거룩한 존재는 없다는 솔직한 심정을 읊은 게송이다.
   • 세간소유(世間所有) … 이 세상에 있는 모든 것들.
   • 불자(佛者) … 부처님과 같은 존재.

靈山殿 영산전

有山有水乘龍虎	유산유수승용호
無是無非伴竹松	무시무비반죽송
曾昔靈山蒙授記	증석령산몽수기
而今會坐一堂中	이금회좌일당중

산이 있고 물이 있으니 용호(龍虎)가 즐기고
시비(是非)가 없으니 송죽(松竹)을 벗하네.
옛날 영산(靈山)에서 수기(授記)를 받은 분들이
지금 한 집안에 모여 계시네.

㊟ • 용호(龍虎) … 실력이 비슷한 두 사람의 영웅.
 • 시비(是非) … 옳음과 그름.
 • 蒙 … 입을 몽.
 • 수기(授記) … 부처님이 제자에게 예언적 교설을 주는 일.
 • 회좌(會坐) … 여러 사람이 함께 모임.
 • 일당(一堂) … 한 자리.

冥府殿 명부전

常揮慧劒斷滅罪根　　상휘혜검단멸죄근
倘切歸依奚遲感應　　당체귀의실지감응
慈仁積善誓救衆生　　자인적선서구중생
手中金錫振開玉門　　수중금석진개옥문
掌上明珠光攝大千　　장상명주광섭대천
業鏡臺前十殿調律　　업경대전십전조율

항상 지혜의 검 휘둘러 죄의 뿌리 멸하시니
간절히 귀의하면 어찌 감응이 더디리.
자비롭고 어질게 적선하고 중생 구하기를 서원하시네.
손 안에 쇠지팡이는 지옥문을 열어 주고
손바닥 위에 밝은 구슬 대천세계를 비추며
업경대(業鏡臺) 앞에서는 시왕이 법률로 다스리네.

㈜ • 혜검(慧劍) … 번뇌의 속박을 끊어 버리는 지혜의 칼.
  • 죄근(罪根) … 모든 죄의 뿌리.
  • 奚 … 어찌 해.
  • 감응(感應) … 믿고 기도하는 정성이 부처님에게 통함.
  • 금석(金錫) … 쇠로 된 지팡이.
  • 옥문(玉門) … 대궐의 문, 여기서는 지옥의 문.
  • 대천(大天) … 삼천대천세계.
  • 업경대(業鏡臺) … 전생의 업을 비추어 보는 염라대왕의 거울.
  • 십전(十殿) … 시왕, 저승에 있는 10명의 왕.
  • 조율(調律) … 고루 다스림.

天王門   천왕문

擁護聖衆滿虛空	옹호성중만허공
都在毫光一道中	도재호광일도중
信受佛語常擁護	신수불어상옹호
奉行經典永流通	봉행경전영류통

(글 : 석문의범)

허공을 가득 매운 옹호성중(擁護聖衆)이여
모두가 부처님의 백호광(白毫光) 중에 있도다.
부처님의 말씀 잘 지키며 늘 옹호(擁護)하고
경전을 받들어서 길이 유통(流通)케 하네.

㈜ • 옹호(擁護) … 불법을 두둔하고 편들어 보호함.
  • 호광(毫光) … 부처님의 두 눈썹 사이에 있는 흰 털. 지혜를 상징함.
  • 일도(一道) … 한 가지의 도리.
  • 신수(信受) … 믿고 받아 따름.
  • 유통(流通) … 막힘 없이 세상에 널리 쓰임.

無遮樓 무차루

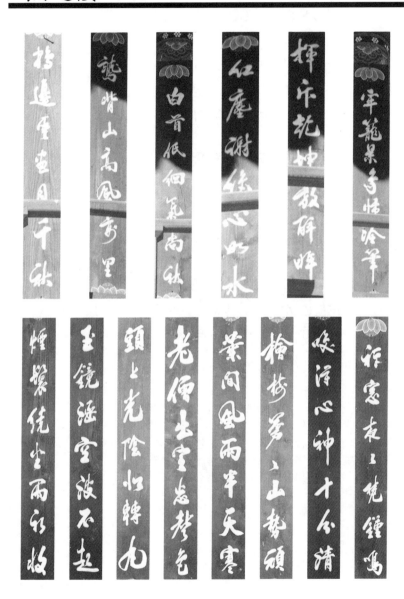

牢籠景象歸冷筆　뇌롱경상귀냉필
揮斥乾坤放醉眸　휘척건곤방취모
紅塵謝絶心如水　홍진사절심여수
白首低徊氣尚秋　백수저회기상추
鷲背山高風萬里　취배산고풍만리
鶴邊雲盡月千秋　학변운진월천추

禪窓夜夜梵鍾鳴　선창야야범종명
喚得心神十分淸　환득심신십분청
檜樹蒼蒼山勢頑　회수창창산세왕
葉間風雨半天寒　엽간풍우반천한

老僧出定忘聲色　노승출정망성색
頭上光陰似轉丸　두상광음사전환
玉鏡涵空波不起　옥경함공파불기
煙鬘繞坐雨初收　연환요좌우초수

한 폭의 경치는 그림 같은데
하늘과 땅 열린 모습 취한 눈에 맡겨 두니
시끄러운 세속 여의여 마음 물같이 맑고
머리 나직히 돌려 보니 추상 같은 기운 감도네.
영취산(靈鷲山) 높은 기풍 만 리에 뻗치고
학이 날아 구름 걷히니 천추의 달이 밝네.

선창(禪窓)에 밤마다 종소리 울리니
몸과 마음 아주 맑아지네.
울창한 회나무 숲 완악한 산세 속
숲 사이로 비바람 서늘하게 불어오네.

선정(禪定)에서 깨어난 노승 성색(聲色)을 잊고
머리 위에 광음은 총알같이 빠르네.
맑은 물 잔잔히 흘러 파도 일어나지 않고
자욱한 안개 속에 비가 개이네.

㈜ • 뇌롱(牢籠) … 농락함. 즐김.
  • 경상(景象) … 경치.
  • 냉필(冷筆) … 그림.
  • 휘척(揮斥) … 어지럽고 시끄러움.
  • 홍진(紅塵) … 번거롭고 어지러운 세상.
  • 백수(白首) … 벼슬이 없어 관을 쓰지 않았던 머리.
  • 야야(夜夜) … 밤마다.
  • 창창(蒼蒼) … 짙푸르게 무성함.
  • 출정(出定) … 선정을 마치고 자리에서 나옴.
  • 옥경(玉鏡) … 옥거울, 즉 하늘의 달을 상징.
  • 鬟 … 쪽찐 머리 환.

월 은 산　대 산 사
月隱山　臺山寺

●

경북 청도군 각남면 옥산리 월은산에 있는 절
(대한불교 조계종 제9교구 본사인 동화사의 말사)

이 절은 신라 때 원효대사(元曉大師)가 창건한 절이며, 당시에 절 이름은 용봉사(龍鳳寺)였다고 한다.

신라 때 월씨국(月氏國)으로부터 표류해서 우리나라에 온 42수 관세음보살상을 봉안하여 사세가 크게 확장되었다고 한다.

임진왜란이 일어나자, 왜놈들이 이 불상을 도적질해 갈까봐서 그 관음상을 땅에 묻었는데, 그 사실을 안 도적이 불상을 몰래 파내려다가 피를 토하고 죽어 버렸다는 전설이 있다.

임진왜란 뒤 불상을 다시 파내어 법당에 안치하였는데, 이때 왕후의 꿈에 부처님이 현몽하여 불사하는 데 시주하기를 권했으므로, 절의 중수를 위해 왕실에서 많은 시주를 하였다. 그러나 조선 후기 야습한 도적 떼들의 방화로 귀중한 불상은 소실되고 말았다.

절이 자리잡은 월은산은 제비가 알을 품고 있는 형상인데, 실제로 이 산에는 많은 종류의 여러 가지 새들이 살고 있으며, 또한 뱀이 많기로도 유명하다.

이 절 법당 앞에 있는 탑의 지대석은 자연석을 멧돼지 모양으로 조각해서 만들었는데, 이는 뱀을 잡기 위해서 뱀을 잘 잡아먹는 멧돼지 형상으로 조각한 것이라고 한다.

그래서 그런지 산에는 뱀이 무척 많아도 사찰 경내에는 뱀이 잘 나타나지 않는다고 한다.

無礙堂 무애당

汝得人身不修道　여득인신불수도
如入寶山空手來　여입보산공수래
憂患苦痛欲何爲　우환고통욕하위
如今自作還自受　여금자작환자수
諸法不動本來寂　제법부동본래적

네가 사람으로 태어나서 도(道)를 닦지 않으면
보배 산에 들어갔다가 빈손으로 오는 것과 같도다.
왜 하필이면 우환(憂患)과 고통(苦痛)만 취하려 하느냐,
오늘 네가 지은 것만큼을 스스로 돌려 받는다.
모든 법은 변하지 않으며 본래(本來) 고요하니라.

㈜ 우주의 법은 준엄하고 영원히 변함이 없다. 선인선과(善因善果)요 악인
악과(惡因惡果)의 인연법은 한치의 오차도 없다. 그러므로 사람으로 태
어난 이 세상에서 게으름을 피우지 말고 열심히 공부해서 복록을 누리
라는 가르침이다.
• 인신(人身) … 이 세상에 사람으로 태어남.
• 보산(寶山) … 보물이 가득 쌓인 산.
• 제법(諸法) … 부처님의 인연법.
• 부동(不動) … 움직임과 변함이 없음.

圓通殿　원통전

紫檀金色分雙臉　자단금색분쌍검
白玉明毫發兩髦　백옥명호발양봉
百千日月掩輝華　백천일월엄휘화
億萬乾坤皆晃朗　억만건곤개황랑
我今一心歸命禮　아금일심귀명례

(글 : 觀音讚)

자단향 풍기며 금빛 발하는 관세음보살님
백옥같이 밝은 호광 긴 머리털에서 발하여
백천의 일월(日月)을 밝고 아름답게 빛내며
억만 건곤을 모두 밝고 맑게 하나니
나 지금 일심으로 몸과 마음 바쳐 귀의하리다.

㊟ 자비롭고 인자한 관세음보살을 찬탄하고, 일심으로 보살에게 돌아가 몸
과 마음을 자비심에 의지하려는 맹세를 나타낸 게송이다.
 • 자단(紫檀) … 자단나무 향.
 • 금색(金色) … 관세음보살님의 아름다운 몸.
 • 양봉(兩鬂) … 길게 늘어진 양 머리털.
 • 황랑(晃朗) … 밝고 맑고 명랑하게.

비슬산 용천사
琵瑟山 湧泉寺

경북 청도군(淸道郡) 각북면(角北面) 오산(梧山) 2동
(대한불교 조계종 제9교구 본사인 동화사의 말사)

신라 문무왕 10년(670년), 의상대사가 화엄십찰의 하나로 이 절을 창건하고 이름을 옥천사(玉泉寺)라고 하였다.

그 뒤 원종 2년(1261년)에 보각국사(寶覺國師)가 중건하고 절 이름을 용천사로 고쳤다.

이는 아마도 이 절에서 샘솟는 맑고 풍부한 석간수 때문에 그렇게 지은 것이 아닌가 싶다.

지금도 절 경내에 있는 샘에서는 끊임없이 맑은 물이 흐르고 있다.

임진왜란 때 절의 일부가 불탄 것을 조영(祖英) 스님이 인조 9년(1631년)에 중창하고, 다시 순조 5년(1805년)에 이르러 의열(義烈)이 중수(重修)해서 오늘에 이르고 있다.

절 오른쪽 골짜기에는 고승들의 부도가 이 절의 역사를 뒷받침하듯 많이 서 있는데, 이 절에서는 이미 24명의 도인이 나왔고 앞으로도 104명의 도인이 더 나올 것이라고 전해지고 있다.

6.25때 유실되었다가 경내의 흙더미 속에서 다시 찾은 해시계는 반쪽만 남아 있지만, 묘시에서 유시까지의 시간을 표시하는 데는 아무 지장이 없다.

院主室 원주실

山堂靜夜坐無言	산당정야좌무언
寂寂寥寥本自然	적적요요본자연
何事西風動林野	하사서풍동임야
一聲寒雁唳長天	일성한안려장천

(글 : 석문의범)

산당에 고요한 밤 말없이 앉았으니
고요하고 고요하여 본래의 자연인데
무슨 일로 서쪽 바람은 임야를 흔드는고.
차가운 겨울 기러기 울음소리 온 하늘에 흩어지네.

㊅ • 산당(山堂) … 산에 있는 작은 집.
• 적적요요(寂寂寥寥) … 고요하고 적적하고 쓸쓸함.

大雄殿 대웅전

佛身普徧十方中	불신보변시방중
三世如來一體同	삼세여래일체동
廣大圓融恒不盡	광대원융항부진
汪洋覺海妙難窮	왕양각해묘난궁

〔글 : 화엄경〕

부처님은 우주에 가득하시니
삼세의 모든 부처님 모두 다르지 않네.
광대무변한 원력 구름같이 다함 없고
한없이 넓은 깨달음의 세계 헤아릴 수 없네.

㈜ • 보변(普徧) … 모든 것에 두루 미치고 통함.
   • 원융(圓融) … 모든 법의 이치가 널리 유통함.
   • 왕양(汪洋) … 바다같이 끝없이 넓음.
   • 각해(覺海) … 불교의 깨달음의 세계.

冥府殿 명부전

利益人天無量事

見聞瞻禮一念間

恒河沙劫說難盡

地藏大聖威神力

地藏大聖威神力　지장대성위신력
恒河沙劫説難盡　항하사겁설난진
見聞瞻禮一念間　견문첨례일념간
利益人天無量事　이익인천무량사

(글 : 지장경)

지장보살님의 위신력이여
억겁을 두고 설명해도 다하기 어렵도다.
보고 듣고 예배하는 잠깐 사이에
인천(人天)에 이익된 일 무량하여라.

㈜ • 대성(大聖) … 정각을 얻은 지극히 거룩한 분.
• 항하사(恒河沙) … 무한히 많은 수량.
• 첨례(瞻禮) … 예배하는 일.
• 일념(一念) … 진심으로 염불하는 일.
• 인천(人天) … 인간계와 천상계.

應眞堂 응진당

花雨動地放神光	화우동지방신광
大憑又通徧十方	대빙우통변시방
出定乘龍誰海橋	출정승룡수해교
歸山跨虎入松房	귀산과호입송방

꽃비 내리고 땅 흔들리며 신령스런 빛 나오더니
그 신통력 온 세상에 두루 퍼지네.
선정에서 깨어나 용을 타고 바다를 건너
호랑이 걸터타고 산으로 돌아와 송방으로 드네.

㊀ • 화우(花雨) ··· 비가 오듯이 떨어지는 꽃잎.
• 신광(神光) ··· 신의 몸에서 발하는 신비스러운 빛.
• 憑 ··· 기댈 빙, 의지할 빙.
• 수해(誰海) ··· 어떤 바다.
• 과호(跨虎) ··· 호랑이를 걸터탐.
• 송방(松房) ··· 송림 속에 있는 작은 방.

梵鐘閣 범종각

願此鐘聲徧法界	원차종성변법계
鐵圍幽暗悉皆明	철위유암실개명
三途離苦破刀山	삼도이고파도산
一切衆生成正覺	일체중생성정각

(글 : 진감국사)

원컨대 이 종소리 법계에 두루 퍼져
철위산의 깊고 어두움 무간지옥 다 밝아지며
지옥·아귀·축생의 고통과 도산의 고통을 모두 여의고
모든 중생 바른 깨달음 이루어지이다.

㈜ • 철위(鐵圍) … 철위산.
• 유암(幽暗) … 그윽하고 어두움.
• 삼도(三途) … 지옥. 아귀. 축생.
• 도산(刀山) … 도산지옥, 칼이 꽂힌 길을 걷는 고통을 받는 지옥.
• 정각(正覺) … 부처의 깨달음.

山神閣 산신각

毘瑟山神降道場 비슬산신강도량
威鎭江山度衆生 위진강산도중생

비슬산의 산신령님 이 도량에 내리셔서
온 강산을 위엄으로 다스리고 중생 구제하소서.

㊟ • 도량(度場) … 불도에 관계되는 모든 일을 하는 곳.
  • 위진(威鎭) … 위엄으로 누름.
  • 강산(江山) … 온 강토.

湧泉 용천

龍王宮中迕靑龍　용왕궁중오청룡
萬年吉運自大通　만년길운자대통

용궁에서 청룡을 만났으니
만년이나 길운 대통하리라.

㊟ • 용궁(龍宮) … 바다 속에 있다는 용왕의 궁전.
 • 迕 … 만날 오.
 • 길운(吉運) … 좋은 운수.
 • 대통(大通) … 운수가 막히지 않고 크게 트임.

팔 공 산   부 인 사
八空山 夫人寺

대구시 동구 신무동 팔공산 남쪽 중턱에 있는 절
(대한불교 조계종 제9교구 동화사의 말사)

창건 연대와 창건자는 알지 못하나 예로부터 선덕묘(善德廟)라는 사당이 있는 것으로 미루어 신라 선덕여왕 때 창건된 사찰로 추정된다.

불교가 융성했던 신라와 고려시대에는 약 2천 명의 승려들이 수도했던 대가람이며, 고려 때 여기에 도감을 설치해서 고려 초조대장경(初彫大藏經)의 판각을 한 곳으로도 유명하다.

아깝게도 그 판각은 몽고 침입 때 대부분 불타 버렸고, 지금 남아 있는 것은 일본 경도(京都) 남례사(南禮寺)에 1715판이 전해지고 있다.

또한 부인사에서는 전국에서 유일하게 정기적으로 승려들만의 승가 시장이 섰다는 말이 구전으로 전해지고 있다.

임진왜란 때 일부 불타고 남은 선덕묘에서는, 지금도 음력 3월 보름이 되면 동네 어른들과 승려들이 함께 모여, 선덕제(善德祭)를 지내고 있다.

현존하는 문화재로는 쌍탑(雙塔)을 비롯해서 석등, 당간지주, 석등대석(石燈臺石), 배례석(拜禮石), 마애여래좌상 등이 있다.

崇慕殿 숭모전

善德龍飛鷄貴時 선덕용비계귀시
九層寶塔鎭九夷 구층보탑진구이
統三定亂昇平後 통삼정란승평후
忉利天宮日月遲 도리천궁일월지

선덕왕이 신라에서 임금으로 계실 때 큰 뜻 품고
9층 보탑 세워 아홉 오랑캐를 진압하고
삼국을 통일하여 난리를 평정하고 태평세월 만든 다음
도리천 궁전에서 편안하게 세월 보내고 계시도다.

㈜ 선덕여왕이 부처님의 가피력으로 나라를 통일하고 태평성대를 이룩한
다음, 사후에는 윤회의 수렁에 빠지지 않고, 도리천 궁전에서 편안하게
잘 지내고 있다는 내용의 게송이다.

- 선덕(善德) … 선덕여왕, 신라 27대 임금.
- 용비(龍飛) … 영웅이 뜻을 품고 떨쳐 일어남.
- 계(鷄) … 鷄林(계림), 신라를 뜻하는 다른 이름.
- 귀(貴) … 貴人(귀인), 즉 임금.
- 구이(九夷) … 아홉 오랑캐.
- 정란(定亂) … 어지러운 난리를 평정함.
- 통삼(統三) … 삼국통일.
- 승평(昇平) … 나라가 태평함.
- 일월지(日月遲) … 세월의 경과가 느림. 즉 느긋하고 평안한 세월을 보냄.
  ‣ 長生殿裏春秋留
  ‣ 不老門前日月遲 (後漢朗詠集中)

팔 공 산 비 로 암
八公山 毘盧庵

대구 광역시 동구 신무동 팔공산에 있는 암자

팔공산에는 사방으로 부인사, 파계사, 동화사 등 고찰이 참 많다.

그 가운데서도 큰 사찰로 유명한 곳이 동화사이다.

지금 31본산의 하나이자 현 제3교구 본산이기도 하다.

옛날 동화사 주변에는 많은 암자가 있었는데, 세월이 흐르면서 많이 퇴락되었지만, 금당암(金堂庵), 부도암(浮屠庵), 비로암(毘盧庵) 등은 지금도 잘 복원되어서 장엄하게 단장되었다.

특히 비로암은 동화사 본당과 작은 언덕 하나를 사이에 두고 있어서 처음 이 암자를 대하는 사람은 동화사의 부속 건물로 착각하기 쉽다.

뿐만 아니라 동화사로 진입하는 서편 주차장 바로 아래에 있어서 더욱 독립된 암자라는 것을 알기 어렵다.

비로암의 조성 연대는 대체로 동화사의 건립 연대인 신라 21대왕인 소지왕(炤智王) 15년(493년)으로 추정된다.

이 암자에 특기할 만한 것은 보물 244호로 지정된 석조비로자나불 좌상과 보물 제247호로 지정된 삼층 석탑이 있다.

毘盧庵 비로암

東涯

毘盧庵

生涯三尺短杖贏	事業一爐香火足	夜色全分月色明	鐘聲半雜風聲涼

鐘聲半雜風聲涼　종성반잡풍성량
夜色全分月色明　야색전분월색명
事業一爐香火足　사업일로향화족
生涯三尺短杖贏　생애삼척단장영

종소리 바람 소리 서로 섞여 서늘한데
밤 경치 밝은 달빛으로 더욱 좋아라.
하는 일 향로에 향 사르는 것으로 족하고
한평생에 남길 거란 석 자 짧은 지팡이 하나.

㊀ 산속에서 경 읽고 염불하며 사는 선승의 맑은 심정을 노래한 게송이다.
마음을 비운 선승의 할 일이란 오직 향 사르며 참선하며 살면 족하지,
다른 욕심이란 있을 수 없다. 한 평생 살다가 남기는 것이라곤 오직 지
팡이 하나 던지고 가는 것을.
 • 반잡(半雜) ⋯ 서로 뒤섞이는 것.
 • 사업(事業) ⋯ 할 일. 하는 일.
 • 일로(一爐) ⋯ 향로 하나.
 • 贏 ⋯ 남을 영.

藏經閣 장경각

若人欲了知	약인욕료지
三世壹切佛	삼세일체불
應觀法界性	응관법계성
一切惟心造	일체유심조

사람들아
삼세의 모든 부처님을 알려 하는가.
그렇다면 법계(法界)의 성품을 관(觀)해 보라.
모든 것이 마음 아님이 없나니.

㈜ 법계의 성품을 잘 관해 보면 모든 것이 오직 마음으로 이루어져 있다는
것을 알려 주는 게송이다.

• 관(觀) … 지혜로서 객관의 대경을 조건하는 것. 마음의 눈으로 세상을
보는 것.
• 삼세(三世) … 과거, 현재, 미래의 세계.
• 성(性) … 모든 중생이 본디 가지고 있는 성질.

普光明殿 보광명전

五蘊山頭古佛堂

毘盧晝夜放毫光

若知此處非同異

即是華嚴遍十方

圓覺山中生一樹

開花天地未分前

非青非白亦非黑

不在春風不在天

五蘊山頭古佛堂   오온산두고불당
毘盧晝夜放毫光   비로주야방호광
若知此處非同異   약지차처비동이
卽是華嚴徧十方   즉시화엄변시방

圓覺山中生一樹   원각산중생일수
開花天地未分前   개화전지미분전
非靑非白亦非黑   비청비백역비흑
不在春風不在天   부재춘풍부재천

(글 : 요연 비구니)

오온의 망상 무더기가 그대로 고불당인데
비로자나 부처님이 주야로 백호광명을 항상 놓고 있네.
만약 여기에서 차별 없는 이치를 안다면
곧 이 화엄장엄이 시방 세계에 두루 하리라.

원각의 산중에 한 그루의 나무
천지 개벽하기 전에 꽃이 피었다네.
그 꽃은 푸르지도 않고 휘지도 않고 또한 검지도 아니하며
봄바람도 하늘도 관여할 수 없다네.

㈜ •오온(五蘊) … 생멸 변화하는 모든 것을 종류대로 나눈 다섯 가지. 색
    온(色蘊), 수온(受蘊), 상온(想蘊), 행온(行蘊), 식온(識蘊).
  •산두(山頭) … 산 꼭대기.
  •비로(毘盧) … 비로자나불의 준말. 부처의 진신을 일컫는 말.
  •호광(毫光) … 백호광(白毫光). 부처님의 두 눈썹 사이에 있는 희고 빛
    나는 가는 터럭에서 나오는 밝은 빛. 부처님의 위신력을 상징함.

大寂光殿 대적광전

世尊坐道場
清淨大光明
譬如千日出
普照虛空界

세존좌도량
청정대광명
비여천일출
보조허공계

(글 : 석문의범)

세존께서는 도량에 앉아 계시고
청정한 대 광명을 놓으시네.
비교하건대 마치 천 개의 해가 뜨는 것같이
온 세상을 밝게 비추시네.

㈜ • 조요(照耀) … 비추어서 빛남.
• 대천계(大千界) … 삼천대천세계.
• 도량(道場) … 불보살이 도를 닦는 곳.

재 악 산　운 암 사
宰嶽山　雲巖寺

●

경북 점촌시 불정동 재악산에 있는 고찰

대한불교 조계종 제8교구 본산인 직지사의 말사인 이 절은 신라 문무왕 7년(667년)에 의상(義湘)대사께서 창건하였으며, 그 뒤 조선 초기까지의 역사는 잘 알려지지 않았다.

임진왜란 때 불타 버린 뒤 60여 년 간 폐허로 남아 있던 것을 효종 9년(1658년)에 영준(靈俊)대사가 요사채를 지었으며, 정조 9년(1778년)에 인월(印月)대사가 중창하고, 그 뒤 1972년에 이르러 큰 불사를 일으켜 크게 중창하여 오늘에 이르렀다.

현존하는 당우로는 극락전, 산신각, 요사채, 삼성각, 안양문 등이 있으며 극락전에는 아미타삼존불이 봉안되어 있다.

특기할 만한 문화재는 없으나 이 절의 약수는 매우 유명하다.

특히 땀띠를 말끔히 가시게 하고 안질, 위장병, 피부병 등에 효력이 크다고 한다.

그래서 인근 점촌이나 문경 등지에서는 물론이고 멀리서까지 물을 마시러 오는 사람들로 늘 붐비고 있다.

極樂殿 극락전

極樂堂前滿月容	극락당전만월용
玉毫金色照虛空	옥호금색조허공
若人一念稱名號	약인일념칭명호
頃刻圓成無量功	경각원성무량공

(글 : 석문의범)

극락당(極樂堂) 앞에 만월(滿月) 같은 아미타불 얼굴
옥호(玉毫)와 금빛 얼굴은 허공을 비추는구나.
만일 사람들이 일념으로 부처님의 명호(名號)를 부른다면
잠깐 동안에 한량없는 큰 공덕을 이루리라.

㊟ 아미타불의 한량없는 공덕을 찬탄하는 동시에 염불의 중요성을 강조한
게송이다.
- 옥호(玉毫) … 옥호, 32相(상)의 하나. 부처님 두 눈썹 사이에 있는 희
고 빛나는 가는 터럭. 부처님의 위신력을 상징함.
- 금색(金色) … 금색, 32상의 하나. 부처님 몸에서 발하는 금색.
- 극락당(極樂堂) … 아미타불을 주불(主佛)로 모신 사찰의 전각.
- 일념(一念) … 일념, 전심(專心)으로 연불하는 일.
- 명호(名號) … 부처님과 보살의 이름.
- 경각(頃刻) … 경각, 아주 짧은 시간, 혹은 눈 깜짝할 사이.
- 원성(圓成) … 원만하게 성취하는 것.

安養門 안양문

佛身充滿於法界

普現一切衆生前

圓覺山中生一樹

開花天地未分前

非靑非白亦非黑

不在春風不在天

佛身充滿於法界　불신충만어법계
普現一切衆生前　보현일체중생전

圓覺山中生一樹　원각산중생일수
開花天地未分前　개화천지미분전
非靑非白亦非黑　비청비백역비흑
不在春風不在天　부재춘풍부재천

〔글 : 석문의범. 글씨 : 청남 오재봉〕

부처님은 온 법계에 가득히 계시며
모든 중생 앞에 항상 나타나시네.

원각의 산중에 한 그루의 나무
천지 개벽하기 전에 꽃이 피었다네.
그 꽃은 푸르지도 않고 휘지도 않고 또한 검지도 아니하며
봄바람도 하늘도 관여할 수 없다네.

㊀ • 법계(法界) … 불교도들의 사회.
　• 보현(普現) … 넓게 나타남.

三聖閣 삼성각

靈通廣大慧鑑明

住在空中映無方

羅列碧天臨刹土

周天人世壽算長

靈通廣大慧鑑明	영통광대혜감명
住在空中映無方	주재공중영무방
羅列碧天臨刹土	나열벽천임찰토
周天人世壽算長	주천인세수산장

(글 : 석문의범)

　　　　영통(靈通)한 넓고 큰 지혜는 거울같이 밝아서
　　　　공중에 계시며 비취지 않는 곳 없네.
　　　　자비로운 푸른 하늘을 국토에 임하게 하고
　　　　하늘과 속세의 사람들 수명을 오래 늘여 주네.

㈜ 삼석각에 계시는 독성님이나 칠성님들이 크고 밝은 지혜로 하늘 나라를
　속세에 임하게 하고, 사람들의 수명을 늘여서 복을 주심을 노래한 게송
　이다.

　•영통(靈通) … 영검이 있어 서로 신묘하게 통함.
　•혜감명(慧鑑明) … 지혜가 거울과 같이 밝고 맑음.
　•찰토(刹土) … 국토를 일컫는 말.
　•산장(算長) … 셈하여 늘여 주는 것.
　•세수(世壽) … 현세의 수명.

학 가 산　　광 홍 사
鶴駕山　廣興寺

경북 안동시 서후면 지품면 학가산
(대한불교 조계종 제16교구 고운사의 말사)

경상북도 문화재 제165호로 지정된 이 고찰은 신라 문무왕(?~691년) 때 의상대사가 창건하였다고 전해진다.

창건 당시 광흥사는 안동지방에서 가장 웅대한 사찰의 하나였으나 1946년 큰불로 대웅전이 소실되었고, 1954년에는 극락전, 1962년에는 학서루(鶴棲樓)와 대방(大房)이 퇴락되어서 무너져 버렸다. 그리하여 지금은 부속 전각이었던 응진전에 석가모니불을 본안하고 있다.

응진각은 전면 5칸, 측면 2칸의 다포계 건물로서 내부는 통칸(通間)으로 하였으며, 바닥에는 청판(廳板)의 방향과 간격이 다른 독특한 방식으로 우물마루를 꾸몄다.

공포(供包)는 정면에는 주간포(柱間包)를 설치하였고, 나머지 삼면은 화반(花盤)으로 간포(間包)를 대신하고 있어서 주심포(柱心包)와 다포의 중간적인 성격을 보여 주고 있다.

응진전에 모셔진 16나한상은 보존상태가 좋고 그 기법이 묘해서 유명하다.

광흥사 주변에는 특히 산세가 좋아서 절을 찾는 사람은 누구라도 큰 감명을 받는다.

특히 가을에, 일주문 옆에 서 있는 큰 은행나무의 샛노란 빛을 보면 감회는 더욱 깊다.

大雄殿 대웅전

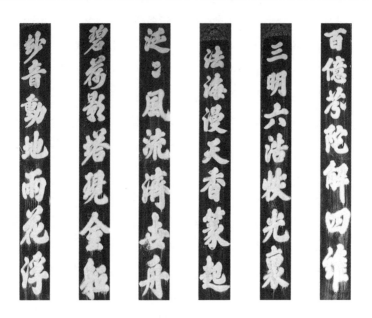

百億芬陀解四維	백억분타해사유
三明六浩恢光裏	삼명육호회광리
法海漫天香篆起	법해만천향전기
泛泛風流濟世舟	범범풍류제세주
碧荷影塔現金軀	벽하영탑현금구
竗音動地雨花浮	묘음동지우화부

백억의 부처님들 온 천지에서 해탈하시고
삼명육호 넓게 빛나는 가운데
법해 모든 하늘에 퍼져 향기롭구나.
온갖 세간의 풍류 배로 띄워 보내니
푸른 연꽃 그림자 황금빛 몸에 나타나며
오묘한 소리 땅을 흔들고 꽃비 떠오르네.

㊡ • 분타(芬陀) ⋯ 향기로운 부처님. 즉 거룩한 부처님들.

　• 사유(四維) ⋯ 동서남북 4방향. 즉 온 천지.

　• 삼명육호(三明六浩) ⋯ 삼명육통(三明六通)의 별구로 생각됨. 아라한이
　　갖고 있는 부사의한 힘.

　• 법해(法海) ⋯ 넓고 깊은 불교의 세계.

　• 세주(世舟) ⋯ 세간이라는 배, 즉 사바세계.

　• 금구(金軀) ⋯ 깨달음을 이루어 금빛이 나는 몸.

지 리 산 연 곡 사
智異山 燕谷寺

전남 구례군 토지면 내동리
(대한불교 조계종 제18교구 본사인 화엄사의 말사)

통일신라시대에 연기(緣起)조사가 창건하였으며, 신라말부터 고려시대까지 참선도량으로 유명한 사찰이었다.

그러나 임진왜란 때 왜병들에 의해 전소된 것을 다시 복구하였다.

1907년 의병장 고광순(高光洵)이 당시 광야만에 주둔하고 있는 왜병을 무찌르기 위해 의병을 일으켜 연곡사로 모두 집결하라 하였다.

그러나 불행하게도 그 정보를 입수한 일본군들이 연곡사를 기습하여 고광순과 거기 모인 모든 의병들은 싸워 보지도 못하고 모두 순직하고 말았다.

그때 연곡사도 왜병들이 불질러 버렸다.

그 뒤 다시 중건하였으나, 6.25때 피아골 전투로 또 폐사가 되었는데, 1965년에 국가의 예산으로 다시 지금의 당우가 복원되었다.

이 절에는 국보 제53호인 동부도와, 국보 제54호인 북부도, 그리고 보물 제151호인 삼층석탑, 현각선사탑비, 서부도 등 많은 국보와 보물이 있다.

지리산을 찾는 많은 사람들이 으레 들르는 조용한 사찰이다.

一柱門 일주문

> 歷千劫而不古　　역천겁이불고
> 亙萬歲而長今　　긍만세이장금

(글 : 涵虛)

천겁(千劫)을 지나도 옛날이 아니요,
만세(萬歲)를 뻗쳐도 항상 오늘은 길구나.

㊟심오한 불교의 시간관을 잘 나타낸 글이다. 천년 만년 수억 년을 거슬러 올라가도 옛날은 아니고, 천년 만년 수억 년을 앞으로 나아가도 항상 '지금'이지 미래는 아니라 한다. 잘 생각해 보면 긍정할 수 있는 깊은 내용의 뜻이 담겨 있다.

- 역(歷) … 지나감.
- 겁(劫) … 아주 긴 시간의 단위. 가로 세로 높이가 각각 40리가 되는 바위 위에 100년마다 한 번씩 하늘에 선녀가 내려와서 춤을 출 때, 그 선녀의 옷자락으로 바위가 모두 닳아 없어지는 데 소요되는 기간보다 더 긴 시간.
- 긍(亙) … 뻗칠 긍.

大寂光殿 대적광전

白毫宛轉五須彌　백호완전오수미
紺目澄淸四大海　감목징청사대해
光中化佛無數億　광중화불무수억
化菩薩衆亦無邊　호보살중역무변
是故行者還本際　시고행자환본제
叵息妄想必不得　파식망상필부득

(글 : 석문의범)

백호광은 원활하게 수미산 세계를 비추고
부처님의 검은 눈은 넓은 바다를 맑게 하네.
그 빛 가운데 성불하는 사람 수억이나 되고
보살이 되는 중생 또한 한이 없어라.
그러므로 불교 수행자는 본자리로 돌아와서
망상을 끊고 수행에 열중하라.

㈜ • 백호(白虎)… 부처의 32상의 하나. 눈썹 사이에 난 흰 터럭으로 광명
  을 무량 세계에 비췬다고 함.
 • 수미(須彌)… 수미산 세계. 불교의 우주관에서 세계의 중앙에 솟아 있
  다는 산과 그 주변의 세계.
 • 행자(行者)… 불도를 닦는 불교 수행자.
 • 본제(本際)… 수행의 본자리.
 • 파(叵)… 마침내.
 • 식(息)… 종식함.
 • 망상(妄想)… 이치에 어긋나는 그릇된 생각.

지리산 화엄사
智異山 華嚴寺

●

전라남도 구례군
(대한불교 조계종 31본산의 하나)

　사기에 의하면 이 절은 신라 진흥왕 시대에 연기(緣起)법사가 개창하
고, 그 뒤 선덕여왕 12년(643년)에 자장율사(慈藏律師)가 증축한 것으로
되어 있다.

　지리산의 대표적 명승지의 하나인 노고단 등산길 옆에 있는 이 절에는
사시사철 찾아드는 많은 사람들로 경내가 몸살을 앓고 있다.

　북으로 멀리 노고단을 바라보고 좌우에 일유봉(日遊峰), 월유봉(月遊
峰)을 거느리며 좌청룡과 우백호가 살아서 꿈틀거리는 듯한 산세를 안은
경내에서 한 줄기 섬진강의 물결은 바라보는 것은 정말로 감회가 깊다.

　경내에는 수많은 역사의 애환을 담은 고색찬란하고 웅위한 전각들이
당당한 모습을 자랑하고 있는데, 대웅전, 각황전, 나한전, 원통전 그리고
천불전 등 크고 작은 20여 동의 건물들이 높낮음의 조화를 잘 이루어 적
지적소에 잘 배치되어 있다.

　국보 제35호로 지정된 사사자삼층석탑(四獅子三層石塔)은 높이 7m 정
도인데 기단 상단 네귀에 자사가 머리에 탑신을 이고 있다.

　이것은 세계적으로 그 예가 지극히 희귀하다고 한다.

　이 밖에도 보물 제12호인 각황전 앞 석등, 보물 제132호인 5층석탑, 보
물 제133호인 서편 5층석탑, 원토전 앞 사자석탑 등 눈부신 유적들이 즐
비하다.

　부속 암자로는 그 규모가 원만한 사찰과 맞먹는 구층암(九層庵)과 온통
숲에 잠겨 있는 지장암(地藏庵)을 비롯 봉천암(鳳泉庵), 금정암(金井庵)
등이 있다.

圓通殿 원통전

一葉紅蓮在海中　일엽홍련재해중
碧波深處現神通　벽파심처현신통
昨夜寶陀觀自在　작야보타관자재
今日降赴道場中　금조강부도량중

　　　　한 떨기 붉은 연꽃 해동(海東)에서 솟으니
　　　　푸른 파도 깊은 곳에 신통(神通)을 나타내시네.
　　　　어젯저녁 보타산(寶陀山)의 관세음보살님이
　　　　오늘 아침 도량 안에 강림하셨네.

㊟ • 홍련(紅蓮) … 천수관음(千手觀音)을 상징함.
　• 신통(神通) … 모든 것을 신기롭게 통달하는 것.
　• 보타산(寶陀山) … 보타락가산(寶陀落迦山). 인도 남쪽 해안에 있는 산
　　으로서 관세음보살의 주거처(住居處)라고 함.
　• 도량(道場) … 불타성도(佛陀成道)의 수행 장소.
　• 강림(降臨) … 불보살이 인간세상으로 내려오는 것.

大雄殿 대웅전

四五百株花柳蕃　사오백주화류권
棧閣萬里華藏界　잔각만리화장계
二三千尺管絃樓　이삼천척관현루
紫羅帳裏撒眞珠　자라장리살진주
雨寶益生滿虛空　우보익생만허공
衆生隨器得利益　중생수기득이익

(글 : (마지막 구) 의상조사, 법성계)

무수히 많은 빛나는 버드나무 숲!
만 리에 뻗어 있는 연화장 세계의 전각들!
그 속에 수천 척 높이 솟은 관현루!
자색 장막 뒤에 진주 무수히 깔려 있는데
허공을 메워 오는 법의 비는 거룩하구나.
그 가운데 중생들은 근기 따라 온갖 원 얻고 있네.

㈜아름답고 장엄한 연화장세계를 노래하고, 비로자나여래의 과거의 원과 수행을 찬탄하며, 부처님의 가피력으로 모든 중생들이 나름대로의 원을 이루어 나간다는 것을 노래한 게송이다.

• 권(菤) … 풀이름 권, 도꼬마리 권.
• 잔각(棧閣) … 장엄한 전각.
• 화장계(華藏界) … 연화장세계(蓮華藏世界)를 뜻함.
• 관현루(管絃樓) … 관현강(管絃講)을 행하는 큰 누각. 불전에서 관현악을 연주하고 독경하여 부처님의 덕을 찬탄하여 공양하는 누각.
• 자라장(紫羅帳) … 자줏빛 비단으로 만든 휘장. 귀한 사람이 있는 곳에침.
• 수기(隨器) … 중생의 근기에 따라 정도에 맞게 받아들임.

覺皇殿 각황전

偉論雄經罔不通	弋生弘護有深功	弋子義學分燈後	圓毅宗風滿海東
西來弋燭傳三冊	南國千季閣五宗	遊償此增清淨債	白雲回首與誰同

偉論雄經罔不通　위론웅경망불통
一生弘護有深功　일생홍호유심공
三千義學分燈後　이천의학분등후
圓敎宗風滿海東　원교종풍만해동
西來一燭傳三世　서래일촉전삼세
南國千年闡五宗　남국천년천오종
遊償此增淸淨債　유상차증청정채
白雲回首與誰同　백운회수여수동

좋은 논장(論藏)과 거룩한 불경, 모두 동쪽으로 유통해서
일생 홍보하고 보호함에 깊은 공 있도다.
삼천의 의학(義學)에게 부처님 가르침 나누어준 뒤
원만한 가르침과 종풍(宗風) 해동에 가득하여라.
서쪽에서 온 등불 하나 삼세에 전하니
남국 천년에 오종(五宗)이 넓게 퍼지도다.
뉘라서 이 청정한 공로 더해서 갚을손가,
누구와 더불어 흰 구름에 머리 돌리리.

㈜ 서쪽(중국)에서 불경과 논장(論藏)을 들여와서 넓게 보급하고 불법을 전
수하니 오종(五宗)의 종풍과 교리가 이 땅에도 꽃을 피우게 되었다. 많
은 문도들에게 부처님의 법을 전하여 삼세에 넓게 전파되게 하니 그 공
이 자못 큰데, 그 공로와 보상을 누구에게 받을손가. 그저 머리 위에 무
심한 흰 구름만 떠 있다.
• 위론(偉論) … 위대한 논장(論藏).
• 웅경(雄經) … 웅위한 경전. 즉 귀하고 거룩한 경전.
• 홍호(弘護) … 홍보하고 보호함.
• 의학(義學) … 부처님 법을 배우는 문도.
• 분등(分燈) … 부처님의 가르침을 나누어 줌.
• 종풍(宗風) … 그 종파의 교화.
• 천(闡) … 널리 전파함.
• 오종(五宗) … 오종교(五宗敎)를 말함. 혹은 오교(五敎)라고도 함.

한 라 산   법 장 사
漢挐山 法藏寺

제주도 서귀포시 서귀동

한라산이 멀리 바라다 보이는 서귀포 도심에서 멀지 않는 곳에 자리잡은 이 절은 불기 2509년도 고대덕화(高大德華) 보살이 창건한 아담한 사찰이다.

사시사철 이 절 앞을 흐르는 선반천의 맑은 물은 절을 찾는 많은 사람들 가슴의 모든 시름을 씻어 주는 듯 물소리가 정겹기만 하다.

뿐만 아니고 이 절 경내에 있는 약수는 그 맛이 단백하고 순해서 공해에 찌들인 많은 사람들에게 활기를 되찾아 준다.

이 약수를 발견한 창건주 보살의 말에 의하면, 꿈에 한라산 산신이 나타나서 지금 우물 있는 자리에 지팡이를 꽂고 가시기에 그 자리를 파보았더니, 암반에 뚫린 9개의 구멍에서 맑은 물이 솟아 나왔단다.

그래서 이 약수를 구룡토수(九龍吐水)라고 이름한다.

이 절을 창건하려고 절터를 닦을 때 여러 가지 어려움이 따랐는데, 그때마다 꿈에 이상한 선몽이 나타나서 탈없이 절을 창건할 수 있었다고 한다.

법당을 지을 때 꿈에 부처님이 나타나서 꽃씨를 주시며 잘 심으라고 당부하셨고, 또한 중국 사람이라고 하며 한 노인이 와서 꽃을 화단에 심고 갔다고 한다. 그 꽃을 심은 자리에 지금의 법당이 지어져서 불법을 널리 전파하고 있다.

大雄殿 대웅전

天上天下無如佛	천상천하무여불
十方世界亦無比	시방세계역무비
世間所有我盡見	세간소유아진견
一切無有如佛者	일체무유여불자

(글 : 석문의범)

천상과 천하 어디에도 부처님같이 존귀한 분 안 계시고
시방세계를 다 둘러봐도 역시 비교될 만한 분 없도다.
세간에 있는 것 전부를 내가 다 살펴보아도
모두가 부처님같이 존귀한 분 없도다.

㈜ 부처님을 찬탄하는 게송으로 이 세상의 모든 것, 모든 사람들 가운데 가
장 존귀하고 거룩한 분이 바로 부처님이라는 것을 말한 게송이다.
 • 시방세계(十方世界) … 온 세상, 우주 전체.

삼 신 산   쌍 계 사
三神山 雙磎寺

경상남도 하동군 지리산에 있는 절
(대한불교 조계종 제13교구 본산)

지리산 동남 기슭, 울창한 숲속에 조용히 자리잡은 이 유서 깊은 고찰은, 하동과 구례를 잇는 국도변에서 진입되는 약 5 km 가량의 진입로 좌우에 늘어선 벚꽃길과 지리산에 흐르는 맑은 물로 더욱 유명하다.

사기(寺記)에 의하면 이 절은 신라 성덕왕(聖德王) 23년(723년)에 의상대사의 제자인 삼법(三法)선사가 당나라에서 돌아올 때, 육조(六祖) 혜능(慧能)의 정상(頂相)을 모셔왔는데, 그때 혜능께서 "나의 정상은 동방 강주(康州=지금의 진주) 땅에 가면 설리갈화처(雪裡褐花處)가 있을 것이니 거기에 묻으라."라는 계시를 받고 강주(康州)에 이르렀던 바, 난데없이 범한 마리가 나타나서 길을 인도하기에 그를 따라가 보았더니 과연 주위의 온 산천이 흰 눈으로 쌓여 있었는데, 오직 지금의 절터만 칡꽃이 만발하고 있었다 한다.

그리하여 그곳에 육조의 정상을 안치하려고 8년 동안 참선하다가 결국 입적(入寂)하였다고 한다.

그 뒤 혜초(慧超) 진감(眞鑑)선사가 당나라에서 돌아와 문성왕(文聖王) 2년(840년) 삼법(三法)의 유적에 육조 혜능의 영당(影堂)을 짓고 옥천사(玉泉寺)라고 이름하였다.

그리고 정강왕(定康王) 연대에 이르러 쌍계사(雙磎寺)라고 개칭하여 지금까지 많은 중창과 개창을 거쳐 오늘에 이르렀다.

혜초 진감선사는 왕오천축전(往五天竺傳) 3권을 쓴 세계사적 존재이며, 지금도 쌍계사 경내에는 선사의 공탑이 잘 보존되고 있다.

大雄殿 대웅전

佛身普遍十方中　불신보변시방중
三世如來一體同　삼세여래일체동
廣大願雲恒不盡　광대원운항부진
汪洋覺海渺難窮　왕양각해묘난궁
廣大淸淨妙莊嚴　광대청정묘장엄
衆會圍遶諸如來　중회위요제여래

(글 : 화엄경게송, 석문의범)

부처님의 몸 시방세계에 두루 하사
삼세의 모든 부처님 한결 같으시니
넓고 크신 원력 구름같이 다함 없고
한없이 넓은 깨달음의 바다 아득하여 끝이 없네.
광대하고 청정하고 묘한 장엄이여!
모든 중생들 모여들어 부처님을 외어 쌓네.

㊟ 온 천지에 두루 계시는 부처님의 거룩하신 공덕을 찬탄하는 게송이다.
• 왕양(汪洋) … 끝없이 넓은 바다처럼 미루어 헤아리기 어려움.
• 위요(圍遶) … 둘러쌈.

華嚴殿 화엄전

一光東照八千土	일광동조팔천토
大地山野如杲日	대지산야여고일
卽是如來微妙法	즉시여래미묘법
不須向外謾尋覓	불수향외만심멱

〔글 : 법화경게송〕

부처님의 백호광명 동으로 팔천토를 비추시니
온 천지가 해와 달처럼 밝아지도다.
이것이 곧 부처님의 미묘한 법문이니
모름지기 밖을 향해 부질없이 찾지 말라.

㈜ • 고(杲) … 밝음. 높음.
　• 만심(謾尋) … 부질없이 찾음. 속아서 찾음.
　• 향외(向外) … 마음자리 밖. 부처님의 가르침 밖.

羅漢殿 나한전

青蓮座上月如生	청련좌상월여생
三千界主釋迦尊	삼천계주석가존
紫紺宮中星若列	자감궁중성약열
十六大阿羅漢衆	십육대아라한중

(글 : 나한전 장엄송, 석문의범)

푸른 연꽃 자리 위에 둥근 달이 떠오르듯
삼천세계 주인이신 석가모니 부처님
거룩한 하늘나라 궁전에 뭇 별이 늘어서듯
16명의 아라한님 그 옆에 계시도다.

㈜ • 청련(靑蓮) … 연꽃의 일종으로 연꽃 중에도 가장 귀한 연꽃.

• 삼천계(三千界) … 온 세계. 삼천대천세계의 준말.

• 자감궁(紫紺宮) … 자줏빛 비단 휘장이 치인 궁전. 즉 고귀한 분이 계
시는 궁전.

• 아라한(阿羅漢) … 수행자 가운데 최고에 경지에 다다른 성자.

三聖閣 삼성각

雖宣雲山千萬事 수선운산천만사
海天明月本無言 해천명월본무언
黃鶯上樹一枝花 황앵상수일지화
白鷺下田千點雪 백노하전천점설

비록 산의 구름처럼 천만 가지 법문 설하였으나
바다와 하늘과 명월은 본래부터 말이 없네.
노란 꾀꼬리 나무에 오르니 한 송이 꽃이요,
백로 밭에 내리니 천 송이 눈이로다.

㊟ 진리는 멀리 있는 이것이 아니다. 산하 대지가 모두 부처님의 법문이요, 깨달음을 일깨워 주는 법문이다. 나무 위에 무심이 앉아 있는 꾀꼬리도 밭에서 먹이를 찾는 백로의 모습에도 우주의 근본을 꿰뚫은 진리의 가르침이 담겨 있다. 오직 우리가 어리석어 그것을 읽지 못할 뿐이다.

冥府殿 명부전

地藏菩薩誓願力 지장보살서원력
恒沙衆生出苦海 항사중생출고해
十殿照律地獄空 십전조율지옥공
業盡衆生放人間 업진중생방인간
莫言地藏得閒遊 막언지장득한유
地獄門前淚不收 지옥문전루불수

(글 : 지장경)

지장보살님의 크신 원력의 힘이여!
항하사같이 많은 중생 고해에서 건지시고
시왕전 심판하여 지옥을 비우시며
업이 다한 중생들 인간세계에 태어나게 하시니
지장보살 한가롭다 말하지 마시오,
지옥문 앞에서 눈물 거두지 못하시네.

㊀ 지장보살님의 자비롭고 인자하신 공덕을 찬양하는 게송이다.
• 항사(恒沙) … 항하사의 준말. 무수히 많은 수.
• 십전(十殿) … 시왕전(十王殿). 저승에서 시왕(十王)이 거처하는 전각.
• 한유(閒遊) … 한가로이 놂.

瞻星閣 첨성각

三神山色凌空碧　삼신산색릉공벽
雙磎活水通海流　쌍계활수통해류
講經榻下虎常臥　강경탑하호상와
這個一條柱杖子　저개일조주장자
不屬於佛法與僧　불속어불법여승

(글 : 高峯 和尙)

삼신산의 푸른 빛은 하늘 빛을 능가하고
쌍계 계곡 흐르는 물은 바다로 통했는데,
강의하는 걸상 아래 범처럼 누워 있는
이날 주장자의 한 소식은
불·법·승 어디에도 속하지 않네.

㈜ • 삼신산(三神山) … 지리산.
  • 공벽(空碧) … 푸른 하늘.
  • 쌍계(雙磎) … 쌍계천. 쌍계사 옆 계곡을 흐르는 물.
  • 활수(活水) … 움직이며 흐르는 물.
  • 탑(榻) … 의자.
  • 주장자(柱杖子) … 좌선할 때나 강의할 때 갖는 지팡이.

般若室 반야실

如來深境界	여래심경계
其量等虛空	기량등허공
一切衆生入	일체중생입
而實無所入	이실무소입

(글 : 화엄경 보살문명품)

여래의 깊은 깨달음의 경계는
그 크기가 허공과 같으니,
모든 중생 그 속에 다 들어가도
진실로 들어간 자취 없도다.

㈜ 부처님의 크고 넓은 깨달음의 경계를 찬탄한 게송이다.

• 여래(如來) … 부처님.
• 경계(境界) … 인식하거나 가치판단의 대상이 되는 모든 것.

説善堂 설선당

雲山説有千萬事　운산설유천만사
海天廣茫本無言　해천광망본무언
黃鶯上樹千里目　황앵상수천리목
鶴入田地心豊富　학입전지심풍부

色求有色還非實　색구유색환비실
心到無心始乃明　심도무심시내명
行李整收方丈入　행리정수방장입
天雲散盡日輪晴　천운산진일륜청

(글 : 高峯 和尙)

산 위에 구름처럼 천만 법문 설했으나
하늘과 바다 넓고 넓어 본래부터 말이 없네.
꾀꼬리 나무에 오르니 천리를 볼 수 있고
학이 밭에 내리니 마음이 넉넉하다.

색으로 경계를 구한다면 도리어 진실을 놓치는 법
마음이 무심경계에 이르러야 비로소 밝아지니
행장을 거두어서 방장에 들어가니
구름 걷힌 하늘에 태양이 빛나도다.

㊀ • 方丈(방장) … 고승들의 처소.

寂默堂 적묵당

身和同住用身一	신화동주용신일
口和無諍同口說	구화무쟁동구설
意和無違一心行	의화무위일심행
見和同解無等觀	견화동해무등관
戒和同遵眞修行	계화동준진수행
利和同均心平等	이화동균심평등
如是行者能得道	여시행자능득도

(글 : 六和敬)

몸이 화합하여 함께 주하니 한 가지로 행동하고
입을 화합하여 다툼이 없으니 한 가지로 말하고
뜻을 화합하여 어김이 없으니 한 마음으로 행동하고
견해가 화합하여 한 가지로 알아 짝없이 관하고
계법을 화합하여 함께 준수하니 참다운 수행이요,
이익을 화합하여 함께 나누니 마음이 평등하도다.
이같이 수행하는 자는 능히 도를 이루리라.

金剛戒壇 금강계단

身在海中休覓水　신재해중휴멱수
日行嶺上莫尋山　일행령상막심산
鶯吟燕語皆相似　앵음연어개상사
莫問前三與後三　막문전삼여후삼

（글 : 金剛經 冶父頌）

莫謂慈容難得見　막위자용난득견
不離祇園大道場　불리기원대도량

몸이 바다 가운데 있으니 물을 찾을 일 없고
날마다 봉우리에 오르니 산을 찾을 일 없네.
꾀꼬리 울음이나 제비의 지저귐 다를 바 없으니
전삼(前三)과 후삼(後三)을 묻지 말라.

부처님의 자비로운 모습 보기 어렵다 하지 말라.
기원정사 대도량을 여의지 않았도다.

㊟ • 전삼(前三) ⋯ 전삼삼후삼삼(前三三後三三)의 준말. 무착선사(無着禪師)와 문수(文殊)의 문답에서 나온 말.

八詠樓 팔영루

塵墨劫前早成佛	진묵겁전조성불
爲度衆生現世間	위도중생현세간
巍巍德相月輪滿	외외덕상월륜만
於三界中作導師	어삼계중작도사
實際成法八萬門	실제성법팔만문
門門可入得解脫	문문가입득해탈

(글 : 팔상전 게송)

한없이 오랜 옛적에 이미 성불하여서
중생 제도 위해 이 세상에 오시니
덕 높으신 부처님 상호 보름달처럼 원만하네.
삼계 가운데 큰 스승이 되시고
실제에 맞춘 법 팔만문을 이루니
문마다 들어가면 해탈을 얻는다네.

㊅ •진묵겁(塵墨劫) ··· 티끌이 쌓여 겁이 되는 데 걸리는 많은 시간.
　 •도사(導師) ··· 부처님과 보살님.
　 •팔만문(八萬門) ··· 팔만사천교문의 준말.

法寶殿 법보전

五敎三乘分頓漸　오교삼승분돈점
法喩因緣妙法藏　법유인연묘법장
諸佛甚深廣大義　제불심심광대의
我今隨順總持說　아금수순총지설
回此功德如法性　회차공덕여법성
普利一切衆生界　보리일체중생계

오교와 삼승을 돈점으로 나누어 말하시니
법과 비유와 인연을 설한 미묘한 법장(法藏)이로다.
모든 부처님의 심히 깊고 넓은 뜻
내 이제 모두 따르며 다 가져 실천하노니,
이 공덕 법성과 같이 모두 회향하여
널리 온 중생계를 이롭게 하리.

㊤ • 오교(五敎) … 화엄종에서 불교를 오교십종(五敎十宗)으로 분류한 데
　　서 유래.
　• 돈점(頓漸) … 돈오와 점오.
　• 법장(法藏) … 법을 가무리한 것, 즉 부처님의 경전을 말함.
　• 법성(法性) … 우주에 존재하는 모든 사물의 본성.

宗務所 종무소

八萬四千眞教理 팔만사천진교리
無聞無說無盡法 무문무설무진법

一念普觀無量劫 일념보관무량겁
無去無來亦無住 무거무래역무주
如是了知三世事 여시료지삼세사
超諸方便成十力 초제방편성십력

(글 : 화엄경 광명각품)

팔만사천 가지 참다운 부처님의 가르침은
들음 설함 다함 없는 미묘한 법이로다.
한 생각에 한없이 긴 세월도 널리 관하니
오고 감은 물론이고 머무름도 또한 없도다.
이와 같이 삼세의 일 모두를 안다면
모든 방편 뛰어넘어 심력 갖춘 부처님 이루리.

㈜ • 보관(普觀) … 아미타불과 그를 둘러싼 모든 것을 관장하는 일.
 • 십력(十力) … 부처님만이 지닌 10 가지 심력.

院主室 원주실

面上無嗔供養具	면상무진공양구
口裡無嗔吐妙香	구리무진토묘향
心內無嗔是眞寶	심내무진시진보
無垢無染卽眞相	무구무염즉진상

（글 : 무수보살게송）

성 안 내는 그 얼굴이 참다운 공양구요,
부드러운 말 한마디 미묘한 향이로다.
깨끗해서 티가 없는 진실한 그 마음이
언제나 한결같은 부처님 마음일세.

㊅ • 공양구(供養具) … 공양하는 도구, 즉 밥을 먹는 우리의 몸둥이.
 • 진상(眞相) … 부처님.

梵鐘閣 범종각

願此鐘聲遍法界	원차종성변법계
鐵圍幽暗悉皆明	철위유암실개명
三途離苦破刀山	삼도이고파도산
一切衆生成正覺	일체중생성정각
三神山中梵鐘樓	삼신산중범종루
金聲玉振大天界	금성옥진대천계
雲上青鶴徹天外	운상청학철천외
晧月精明印雙磎	호월정명인쌍계

(글 : 아침종송)

원컨대 이 종소리 법계에 두루 퍼져
철위산의 어두움 다 밝아지며
삼악도의 고통과 도산의 고통을 모두 여의고
모든 중생 함께 성불하게 하소서.
삼신산의 장엄한 범종루에서
금과 옥과 같은 종소리 대천세계 진동하니
구름 위에 청학이 하늘 밖을 뚫는 듯
맑고 밝은 환한 달빛 쌍계수에 인(印)을 치듯.

㊟ • 삼신산(三神山) … 지리산을 뜻함.
　• 금성(金聲) … 쇠종 소리.
　• 옥진(玉振) … 옥을 흔드는 듯한 아름다운 소리.
　• 쌍계(雙磎) … 쌍계사 옆을 흐르는 냇물.

天王門 천왕문

梵王帝釋四天王　범왕제석사천왕
佛法門中誓願堅　불법문중서원견
列立招提千萬歲　열입초제천만세
自然神用護金仙　자연신용호금선

(글 : 신중단 장엄송)

범천왕과 제석천왕 그리고 사천왕
불법을 수호하는 서원이 견고하여
가람 주위 늘어서서 천만 년을 수호하네.
자연스런 신통묘용 부처님을 보호하네.

㈜ 부처님을 수호하는 모든 하늘 왕들의 공덕을 찬탄한 게송이다.

- 범왕(梵王) … 범천왕. 바라문교에서 교조로 위하는 우주의 창조신.
- 제석(帝釋) … 제석천왕. 수미산 꼭대기 도리천의 임금.
- 열입(列立) … 늘어섬.
- 금선(金仙) … 부처님.

靑鶴樓 청학루

(1)

雲山說有千萬事	운산설유천만사
海天廣茫本無言	해천광망본무언
黃鶯上樹千里目	황앵상수천리목
鶴入田地心豊富	학입전지심풍부

산 위에 구름처럼 천만 법문 설했으나
하늘과 바다 넓고 넓어 본래부터 말이 없네.
피꼬리 나무에 오르니 천리를 볼 수 있고
학이 밭에 내리니 마음이 넉넉하다.

(2)

非識所能識	비식소능식
亦非心境界	역비심경계
其性本淸淨	기성본청정
開示諸衆生	개시제중생

（글 : 화엄경 보살문명품）

그것은 지식으로 능히 알 바가 아니요,
또한 마음 경계도 아니로다.
그러나 그 성품은 본래 청정하여
모든 중생에게 열어 보여 깨닫게 하는도다.

一柱門 일주문

入此門來莫存知解 입차문래막존지해
無解空器大道成滿 무해공기대도성만

이 문에 들어 오거든 알음아리를 피우지 말라.
무해(無解)한 공기(空器)가 큰 도를 이루리라.

八相殿 팔상전

繾降王宮示本緣 재강왕궁시본연
周行七步又重宣 주행칠보우중선
指天指地無人會 지천지지무인회
獨震雷音徧大千 독진뇌음변대천

(글 : 석문의범)

겨우 왕궁에 태어나서 본연 도리 보이시고
사방으로 일곱 걸음 거듭 선설(宣說)하시며
하늘과 땅 가리키나 아무도 아는 이 없어
우레 소리만 외로이 대천세계에 울리도다.

㊀ 석가모니 부처님의 탄생을 찬탄한 게송이다.

• 제강(繾降) … 어렵게 내려옴.
• 중선(重宣) … 거듭 선포함.

方丈室 방장실

萬里江山毘盧臥　만리강산비로와
百草頭上觀音舞　백초두상관음무
山山水水説無生　산산수수설무생
花花草草放自光　화화초초방자광
無聞無説無住處　무문무설무주처
會得此境能事畢　회득차경능사필

만리 뻗은 강산은 비로자나 누움이요,
백 가지 풀 끝은 관음보살 춤이로다.
산은 산대로 물을 물대로 무생법을 설하고
꽃마다 풀마다 스스로 광명을 놓으니
들음도 설함도 머무름도 없는 그곳
이 경계를 능히 알면 일대사를 마치리.

永慕殿　영모전

> 碧眼老胡默少林　벽안노호묵소림
> 神光立雪更何尋　신광입설갱하심
> 山光水色非他物　산광수색비타물
> 月色風淸是佛心　월색풍청시불심

푸른 눈의 달마대사 소림굴에 말없이 좌선하고
눈 속에 선 신광대사 다시 무엇을 구하는가.
산 빛과 물의 빛깔 다른 것이 아님이요,
달빛과 맑은 바람 이것이 불심(佛心)일세.

㊟ 눈 쌓인 소림굴 앞에 서서 달마대사에게 법을 구하러 온 밤을 지샌 신광. 서로 법을 주고받은 일을 노래한 게송이다.
• 노호(老胡) … 나이 많은 스승, 즉 달마대사.
• 신광(神光) … 혜능대사.

東方丈 동방장

靈鷲拈花示上機　영취염화시상기
肯同浮木椄盲龜　긍동부목접맹구
飮光不是微微笑　음광불시미미소
無限淸風付與誰　무한청풍부여수

영취산서 꽃을 들어 상근기에 보인 것은
눈먼 거북이 뜬 나무 만난 것과 어찌 다르리요.
가섭이 그를 보고 미소 아니 했던들
한량없는 청풍 소식 누구에게 전했을까?

㈜ 영취산 '염화미소'의 장면을 노래한 게송이다.
 • 상기(上機) … 상근기.
 • 음광(飮光) … 가섭존자.

西方丈 서방장

壹見明星夢便回 일견명성몽변회
千年桃核長靑梅 천년도핵장청매
雖然不是調羹味 수연불시조갱미
曾與將軍止渴來 증여장군지갈래

한 번 밝은 별 보시고 꿈을 문득 돌이켜
천년 묵은 복숭아씨 매화 열매 길었으니
비록 조갱 같은 맛은 아니나
일찍이 장군께 주어 군사들의 갈증을 그치게 하네.

金堂 금당

(1)

| 世界一花 | 세계일화 |
| 祖宗六葉 | 조종육엽 |

세계는 한 꽃이요,
조종은 여섯 잎이로다.

(2)

菩提本無樹	보리본무수
明鏡亦非臺	명경역비대
本來無一物	본래무일물
何處惹塵埃	하처야진애

(글 : 육조단경 노행자 게송)

보리는 본래 나무가 없고
명경도 또한 대가 아니로다.
본래 한 물건도 없거니
어느 곳에 티끌을 묻으리요.

한 라 산   관 음 사

漢拏山 觀音寺

제주도 제주시 아라동 387
(대한불교 조계종 제23교구 본산)

제주도에는 대체로 이름난 고찰이 없다.

그러나 사적지는 많이 있으나, 그 가운데 현재 법화사와 한라산 영실 불래오름에 존자암 복원불사 등이 한참 진행중이다.

그리고 관음사를 비롯 용문사, 천황사, 산방굴사 등 몇 개의 조그마한 절과 근래에 지은 커다란 약천사가 등이 있는데, 그 가운데서도 관음사가 가장 오래되고 또 큰절이며 제주도의 수찰(首刹)이다.

뿐만 아니라 조계종의 종무행정조직상 제23교구 본사로 되어 있으므로, 상당히 중요한 역할을 하는 사찰이다.

전하는 말에 의하면 이 절은 고려 때부터 있었던 작은 암자가, 제주도 반란 때 타 버렸는데, 그 터에 1908년 안봉려관(安逢麗觀) 비구니가 지금 의 관음사를 창건하고 다시 1968년에 이르러 중창하였다고 한다.

경내에는 대웅전을 비롯 명부전, 종루, 산신각, 일주문 등 사찰의 규모 가 조화 있게 잘 갖추어져 있다.

한라산을 오르는 등산로인 '관음사 등산' 코스가 이 절 곁에 열려 있으 므로 연중 많은 참배객과 등산객으로 붐비고 있다.

大雄殿 대웅전

佛身充滿於法界	불신충만어법계
普現一切衆生前	보현일체중생전
隨緣赴感靡不周	수연부감미부주
而恒處此菩提座	이항처차보리좌

부처님은 온 법계 모든 곳에 늘 계시며
항상 모든 중생들 앞에 그 모습 나타내시네.
인연 따라 다다라서 두루 보살펴 주시고
그리고 모든 곳에 지혜 베풀어 주시네.

冥府殿 명부전

若人欲識佛境界	약인욕식불경계
當淨其意如虛空	당정기의여허공
遠離妄想及諸趣	원리망상급제취
令心所向皆無礙	영심소향개무애
慈光照處蓮花出	자광조처여화출
慧眼觀時地獄空	혜안관시지옥공

사람들이 부처님의 경계를 알고자 한다면
마땅히 그 뜻을 허공과 같이 맑게 하여라.
망상과 모든 업행(業行) 다 끊고서
마음자리 모두 거리낌없게 하면
자비로운 광명 비취는 곳에 연꽃이 피며
지혜의 눈이 열릴 때 지옥이 텅 비네.

鐘樓 종루

願此鐘聲遍法界 원차종성변법계
鐵圍幽暗悉皆明 철위유암실개명
三途離苦破刀山 삼도이고파도산
一切衆生成正覺 일체중생성정각

(글 : 종송)

원컨대 이 종소리 법계에 두루 퍼져
철위산의 깊고 어두움 무간지옥 다 밝아지며
지옥·아귀·축생의 고통과 도산의 고통을 모두 여의고
모든 중생 바른 깨달음 이루어지게 하소서.

靈山殿 영산전

靑蓮座上月如生	청련좌상월여생
三千界主釋迦尊	삼천계주석가존
紫紺宮中星若列	자감궁중성약열

푸른 연꽃 자리 위에 둥근 달이 떠오르듯
삼천세계 주인이신 석가모니 부처님
거룩한 하늘나라 궁전에 뭇 별이 늘어서듯.

㈜ 영산전의 주련은 지금 3쪽만 붙어 있는데, 십육대아라한중(十六大阿羅漢衆)이라는 마지막 한 귀가 누락된 것으로 사료된다.

한 라 산 법 화 사
漢拏山 法華寺

•

제주도 서귀포시 하원동 1071번지

법화사는 전설에 의하면 통일신라 문성왕 1년(830년) 해상왕 장보고 대사에 의해 창건되었다고 한다.

장보고 대사는 당나라 천태종의 영향을 받은 종교적 인물이면서 해상패왕으로 잘 알려진 인물이다. 기록에 의하면 그가 주로 거처한 청해진(지금의 완도)의 상왕봉(象王峯), 중국 산동성 적사촌, 양자강 하류, 그리고 제주 등지에 법화사를 창건하여 신앙생활은 물론 무역도 활발히 해서 해상 패왕의 업적을 크게 남겼다.

장보고 대사가 창건한 법화사는 그 후 고려 충렬왕 5년(1279년), 충렬왕의 왕비인 장목왕후의 원찰(願刹)로 중창하여 국가가 지정하는 비보사원(裨補寺院)이 되어 크게 번창하였다.

그러나 조선 태종 6년(1406년) 법화사에 봉안된 금동미타삼존여래상을 명나라 황제 성조 영락제(成祖 永樂帝)의 요구에 의해 명나라로 옮겨간 이래 사세가 점점 기울어져서 드디어 퇴사되고 말았다.

1914년 도월선사(道月禪師)의 원력력으로 300여 년 폐사된 법화사를 안봉려관 비구니의 화주로 삼창하게 되었는데, 또다시 1948년 제주도의 비극인 4.3사태와 1950년 민족의 참극인 6.25사변으로 복원된 법화사는 소실되어 버렸다.

지금의 전각은 1987년에 다시 복원된 새 건물들인데, 대웅전 및 남순당이 복원되었고, 경내에는 법화사 부속 유치원이 잘 운영되고 있다. 지금은 제주도에서 법화사 사적지를 도지정 문화제 제13호로 지정해서 보호하고 있으며, 사적지 매입, 발굴사업 등을 벌이면서 계속 발전하고 있다.

大雄殿 대웅전

佛放光明偏世間　불방광명변세간
普耀十方諸國土　보요십방제국토
演不思議廣大法　연불사의광대법
永破衆生痴惑暗　영파중생치혹암
大悲救物令淸淨　대비구물령청정
波羅蜜海慧圓滿　바라밀해혜원만

〔글 : 華嚴經. 글씨 : 素菴〕

부처님 세간에 놓으신 광명
온 세상 두루 비추시고
부사의한 넓은 법을 연설하시어
모든 중생 어리석고 미혹한 마음 부숴 버리네.
자비하신 마음으로 모두를 청정하게 구해 주시고
원만한 지혜 주서 성불하게 하시네.

운 제 산   오 어 사
雲梯山 吾魚寺

●

경북 포항시

우리나라 고찰들은 주로 산속에 있는데 호반에 있는 절은 극히 드물다. 호반에 있는 가장 대표적인 절 가운데 하나가 바로 오어사이다.

창건 연대는 정확히 알 수 없으나, 신라 23대 진평왕(眞平王) 대에 창건하였다고 추상된다.

진평왕의 왕후인 운제부인(雲帝夫人)이 죽어서 산신이 되어 운제산에 있다고 하는 것으로 미루어 오어사와도 관계가 있는 것으로 본다.

이 절에는 유명한 일화가 많지만, 선덕여왕 때 기승(奇僧) 혜공(惠空) 스님이 거처한 곳으로 유명하다. 그는 토굴에 살면서 일곱 집의 밥을 얻어서 먹는 칠가식(七家食)을 행하고 사람이 많이 모이는 곳을 찾아다니며 가두법문을 하였다.

그러나 계행을 잘 지키지 않았으며 늘 삼태기를 쓰고 다니면서 술을 마시며 절에서 춤을 추곤 했다고 한다. 그래서 모두들 그를 삼태기 중이라고 하였다.

원효대사는 혜공화상과 매우 친한 사이로 늘 농을 하며 지냈는데, 하루는 두 분이 냇가 옆을 걸어가는데, 동네 청년들이 물고기를 잡아먹으며 놀고 있었다. 그 가운데 짓궂은 청년이 "스님 이 고기 좀 드십시오."라고 하였다.

두 스님은 사양하지 않고 물고기를 많이 드셨다.

사람들은 "스님이 고기를 드신다." 하며 야유하였다.

그러나 두 스님은 태연하게 물가에 가서 허리춤을 내리고 변을 보았다.

그런데 변이 변해서 물고기가 되어 물 속을 헤엄쳐 갔다.

스님들은 "이것은 내 고기야!" "아니 이것은 내 고기야!" 하며 박장대소를 하였다. 두 분이 모두 도인인 것이다.

'이것은 내 고기'라는 말에서 오어사(吾魚寺)라는 절 이름이 생겨났다고 한다.

大雄殿 대웅전

殿雄大

一切無有如佛者

世間所有我盡見

十方世界亦無比

天上天下無如佛

天上天下無如佛	천상천하무여불
十方世界亦無比	십방세계역무비
世間所有我盡見	세간소유아진견
一切無有如佛者	일체무유여불자

(글 : 화엄경)

천상천하 어느 곳에도 부처님 같으신 분 없나니
시방세계에도 비교할 분 없네.
세상천지 내가 다 보아도
부처님같이 귀하신 분 다시 없도다.

院主室 원주실

呼兒響落松蘿霧　호아향락송라무
煮茗香傳石徑風　자명향전석경풍

衆苦不到處　중고부도처
別有一乾坤　별유일건곤
且問是何處　차문시하처
大寂涅槃門　대적열반문

아이 부르는 소리에 소나무 열매 안개 속에 떨어지고
차 끓는 향기는 돌길에서 부는 바람 따라 전해 오네.

중생의 고통이 다다르지 않는 곳.
또한 별천지가 있으니
묻건대 거기가 어디 메이냐,
바로 크고 고요한 열반문이로다.

㉾ • 향(響) … 울려 퍼지는 소리.
• 송라(松蘿) … 소나무에 감겨 있는 댕댕이풀.
• 명(茗) … 차 싹. 늦게 딴 차.
• 석경(石徑) … 돌이 많이 깔린 좁은 길.
• 차(且) … 부(夫)와 비슷함. 즉 '대저 …'라는 어조사.

湛然空寂本無一物	담연공적본무일물
更無身心受彼生死	갱무신심수피생사
去來往復也無罣碍	거래왕복야무가애
靈光赫赫洞徹十方	영광혁혁통철시방
臨行擧目十方碧落	임행거목시방벽락
無中有路西方極樂	무중유로서방극락

담담하고 고요해서 본래 한 물건도 없는 것이니
몸과 마음 생사를 받음도 또한 없다네.
그러므로 오고감에 걸림이 없고
마음 밝고 밝아 온 천지에 두루 통하네.
행하며 바라보니 온 세계에 푸른 옥돌 흩어져 있고
길없는 가운데 길이 있어 서방 극락으로 통하고 있네.

㊜ • 담연(湛然) … 담담하여 아무 생각이 없음.
• 공적(空寂) … 우주만상의 실체가 비어 지극히 고요함.
• 통철(洞徹) … 환하게 통함. 환하게 깨달음.
• 거래(去來) … 낳고 죽는 것의 반복.
• 영광(靈光) … 신령스러운 빛. 즉 마음.
• 임행(臨行) … 행함에 임할 때~.
• 벽(碧) … 푸른 옥돌.

비 룡 산   장 안 사
飛龍山 長安寺

경북 예천군 용궁면 향성리 비룡산에 있는 절

대한불교 조계종 제8교구 본사인 직지사의 말사이다.

전설에 의하면 의상대사의 제자인 운명(雲明)대사께서 창건하였다고 하는데, '예천군지'에 따르면 다만 고려 때 창건한 사찰이라고 되어 있다.

그러나 정확한 역사는 조선 중기 이후인 인조 5년(1627년) 덕잠(德潛)이 중창하였다.

현존하는 당으로는 극락전을 중심으로 좌측에 주지실로 사용하는 응향전(凝香殿)이 있고 우측에 승방이 있으며, 뒤편 언덕에는 산령각이 있다.

모든 당우가 오래되지 않고 역사가 얕으나 산령각에 봉안된 산신탱화는 순조 12년(1812년)에 조성한 것으로 확실한 연대가 기록되어 있다.

그 밖에 1953년에 만든 높이 55 cm의 범종이 유명하다.

향성리 구읍의 남쪽에 있으므로 일명 남산사(南山寺)라고도 하는데, 학성리에 있는 석불좌상과 3층석탑은 이 절과 연관이 있다고 한다.

절 뒤편에 있는 비룡산은 산세가 수려하고 경사가 적당하여 인근 시민들의 등산로로서 개발되어 있어서 많은 사람들이 이 절의 옆을 지나가고 있다.

조용하고 아담한 분위기의 청아한 도량이다.

大雄殿 대웅전

佛身普遍十方中	불신보변시방중
三世如來一體同	삼세여래일체동
廣大願雲恒不盡	광대원운항부진
汪洋覺海渺難窮	왕양각해묘난궁

(글씨 : 원담)

부처님의 몸 시방 세계에 두루 하시니
삼세의 모든 부처님 한결 같으시네.
넓고 크신 원력 구름같이 다함 없고
한없이 넓은 깨달음의 바다 아득하여 끝이 없네.

無糧殿 무량전

殿疆無

叩門處處有人應　고문처처유인응
須彌頂上浪滔天　수미정상랑도천
井底掛帆風勢惡　정저괘범풍세악
王老空中駕鐵船　왕로공중가철선
新婦騎驢阿家牽　신부기로아가제
却嫌長袖掛崑崙　각혐장수괘곤륜

(글씨 : 서암)

문 두드리는 곳마다 대답하는 사람 있네.
수미산 꼭대기의 파도 온 하늘에 퍼지고
우물 밑에 돛을 다니 바람 거칠고
임금의 보물 철선 속에 실으니
신부는 나귀 타고 산비탈 집으로 가네.
아, 거치장스럽구나, 긴 소매 곤륜산에 걸리니.

㊀ 선의 깊은 경지를 노래한 이 게송은 보통의 상식으로는 해석이 불가능
하다. 이 게송을 쓴 사람의 경지에 다다르지 않고서는 참뜻을 말하기 어
렵기 때문이다. 그래서 필자는 다만 글자의 뜻만 새기기로 하였다.

• 응(膺) … 應(응)과 같은 뜻.
• 도천(滔天) … 높은 하늘에 널리 퍼짐. 세력이 엄청나게 퍼짐.
• 괘범(掛帆) … 돛을 닮.
• 풍세(風勢) … 바람의 세력.

三聖閣 삼성각

靈山昔日如來囑
威振江山度眾生
萬里白雲青嶂裡
雲車鶴駕任閒情

靈山昔日如來囑   영산석일여래촉
威振江山度眾生   위진강산도중생
萬里白雲青嶂裡   만리백운청장리
雲車鶴駕任閒情   운차학가임한정

옛날 영산(靈山)에서 부처님의 위촉으로
이 강산의 중생 제도하기 위해 위엄 떨치셨네.
그리고 지금은 만 리 뻗어 있는 흰 구름과 푸른 산봉우리 뒤에서
구름수레 타고 한가로이 지내시네.

梵鐘閣 범종각

願此鍾聲遍法界	원차종성변법계
鐵圍幽暗悉皆明	철위유암실개명
三途離苦破刀山	삼도이고파도산
一切衆生成正覺	일체중생성정각

(글 : 鐘頌)

원컨대 이 종소리 모든 법계에 두루 퍼지소서.
철위지옥(鐵圍地獄)의 모든 어두움도 다 밝아지소서.
삼도(三途)와 도산지옥(刀山地獄)의 고통에서 벗어나고
모든 중생을 바로 깨닫게 하여 주소서.

㊟ 이 게송은 종을 치는 스님의 마음이다. 스님은 종을 칠 때마다 이렇게 소원한다.

'이 종소리처럼 부처님의 말씀이 온 세상에 두루 퍼지고, 그 소리를 듣는 모든 중생은 바른 깨달음을 얻을 것이며, 지옥의 중생까지도 고통에서 벗어나게 해주십시오.'

• 철위(鐵圍) … 철위산(鐵圍山), 이 우주 가장 바깥쪽에 있는 산으로 모두가 쇠로 되어 있다고 함.
• 삼도(三途) … 지옥(地獄), 아귀(餓鬼), 축생(畜生)을 말함.
• 도산(刀山) … 도산지옥(刀山地獄). 10지옥의 하나, 곧 칼이 솟아 있는 산을 밟고 가는 고통을 겪는 지옥.

凝香殿 응향전

大醉居然仍起舞	대취거연잉기무
月燭雲屛海作樽	월초운병해작준
天衾地席山爲枕	천금지석산위침
無邊風月眼中眼	무변풍월안중안
不盡乾坤燈外燈	부진건곤등외등

(글 : 진묵대사)

크게 취해 의연히 일어서 춤을 추니
달을 촉불로, 구름을 병풍삼고, 바닷물로 술삼으니
하늘은 이불이요, 땅은 자리이며 산은 베개인데,
가없는 풍월은 눈 속에 눈이요,
끝없는 하늘과 땅은 등 밖에 등이로다.

㈜ 이 게송은 진묵대사의 天衾地席山爲枕 月燭雲屛海作樽 大醉居然仍起舞
却嫌長紬掛崑崙의 4구 가운데 3구를 인용한 것이며, 그것도 순서를 바꾸
어서 만들었다.

천 태 종　월 삼 사
天台宗　月三寺

경북 영양군 영양읍에 있는 절
(천태종 구인사의 말사)

　최근에 부흥한 천태종은 날로 교세가 확장되어 전국에 그 위세를 떨치고 있다.

　본사를 구인사로 하는 삼명사도 지은 지 얼마 되지 않는 사찰이지만, 주변의 산세와 아늑한 분위기는 이 절을 찾는 사람의 마음을 편안하게 한다.

　관세음보살을 주불로 하는 천태종의 관음신앙은 여러 가지 정신적 갈등을 겪으며 사는 현대인에게 많은 위안과 희망을 안겨 주기 때문에 이 절을 찾는 사람을 날로 늘어만 간다.

　특별히 기록할 만한 보물이나 문화재는 없으며, 관음전과 요사는 아담하게 잘 지어졌고 단청도 아름답게 잘되어 있다.

觀音殿 관음전

巍巍德相月輪滿
如是六德皆圓滿

於三界中作導師
自在懺感与端嚴

名稱吉祥及尊貴
塵墨劫前早成佛

應當總礼薄伽梵
為度衆生現古間

如是六德皆圓滿	여시육덕개원만
自在熾盛與端嚴	자재치성여단엄
塵墨劫前早成佛	진묵겁전조성불
爲度衆生現世間	위도중생현세간
巍巍德相月輪滿	외외덕상월륜만
於三界中作導師	어삼계중작도사
名稱吉祥及尊貴	명칭길상급존귀
應當總號薄伽梵	응당총호박가범

이같이 육덕이 모두 원만하시고
위엄과 단정함과 엄숙함 자유 자재로 펴시니
한없이 오랜 옛적에 이미 성불하여서
중생 제도 위해 이 세상에 오시니
덕 높으신 부처님 상호 보름달처럼 원만하네.
삼계 가운데 큰 스승이 되시니
그 이름 상서롭고 존귀하여서
마땅히 모든 범천의 으뜸이어라.

㈜ • 육덕(六德) … 인도의 육원덕(六元德)을 말함.
   • 치성(熾盛) … 아주 버썩 성함.
   • 도사(導師) … 중생을 제도하는 불보살.

학 가 산   보 문 사
鶴駕山 普門寺

경북 예천군 보문면 도계리 학가산 북쪽

대한불교 조계종 제8교구 본산인 직지사의 말사인 이 절은 신라 문무왕 16년(676년) 의상대사(義湘大師)가 창건한 고찰이다.

그 뒤 명종 15년(1185년)에 지눌(知訥)이 중창하였는데, 지눌은 여기서 화엄경을 읽다가 오도한 사찰로서도 유명하다.

뿐만 아니라 이 절은 고려말에는 사고(史庫)로 이용되기도 하였는데, 고려말 잦은 왜구의 침략으로 충주 개천사로 옮겼다고 한다.

그러나 옛날의 전각은 임진왜란 때 모두 불타 버리고 고종19년(1882년)에 중창하였다. 그 당시 강주(講主) 금해(錦海)가 이 절에 머물러 있을 때만하여도 극락보전을 비롯 많은 당우들이 있었으며, 대중의 수효도 부속 암자를 합하여 80여 명이나 되었었다.

그러나 그 뒤 황폐된 것을 1926년에 주지 최성환이 보수하기 시작하였다.

그리하여 지금은 모든 전각이 옛모습을 되찾아 아담하게 단장이 되어 있으며 울창한 숲속에 조용히 자리잡고 있다.

특히 이 절의 진입로는 좌우의 아름다운 산 계곡을 따라 멀리 나 있으므로, 처음 이 절을 찾는 사람의 마음에 큰 환희심을 일으켜 준다.

이 절의 문화재로서는 3층 석탑, 맷돌, 범종 등이 있다.

3층 석탑은 1185년에 지눌이 중창할 때 세운 탑으로 나한전 본존석가여래상의 표증석탑(表證石塔)이라 하며, 당시 경내의 웅계암 뜰에 건립되었던 것이다.

규모는 작지만 솜씨가 조밀하고 화려함을 엿볼 수 있다.

念佛堂 염불당

大醉居然仍起舞　　대취거연잉기무
月燭雲屏海作樽　　월촉운병해작준
天衾地席山爲枕　　천금지석산위침
無邊風月眼中眼　　무변풍월안중안
不盡乾坤燈外燈　　부진건곤등외등
柳暗花明千萬戶　　유암화명천만호

(글 : 진묵대사, 글씨 : 서암스님)

크게 취해 의연히 일어서 춤을 추니
달을 촉불로, 구름을 병풍삼고, 바닷물로 술삼으니
하늘은 이불이요, 땅은 자리이며 산은 베개인데
가없는 풍월은 눈 속에 눈이요,
끝없는 하늘과 땅은 등 밖에 등이며
진한 버들 밝은 꽃 천만 호에 피었네.

㈜ 이 게송은 진묵대사의 天衾地蓆山爲枕 月燭雲屛海作撙 大醉居然仍起舞 却嫌長袖掛崑崙의 4구 가운데 3구를 인용한 것이며, 그것도 순서를 바꾸어서 만들었다.
• 화명(花明) … 꽃이 피어 환함.
• 건곤(乾坤) … 온 천지.
• 유암(柳暗) … 무성하여 잎이 진한 버들.

極樂寶殿 극락보전

佛身普徧十方中	불신보변시방중
三世如來一切同	삼세여래일체동
廣大願雲恒不盡	광대원운항부진
汪洋覺海渺難窮	왕양각해묘난궁

(글 : 화엄경)

부처님은 우주에 가득하시니
삼세(三世)의 모든 부처님 다르지 않네.
광대무변한 원력 다함이 없어
넓고 넓은 깨달음의 세계 헤아릴 수 없네.

㈜ 부처님과 부처님의 한량없는 공덕을 높이 찬양하는 게송이다.

寂默堂 적묵당

叩門處處有人膺　고문처처유인응
須彌頂上浪滔天　수미정상랑도천
井底掛帆風勢惡　정저괘범풍세악
王老空中駕鐵船　왕로공중가철선
新婦騎驢阿家牽　신부기로아가제
却嫌長袖掛崑崙　각념장삼괘곤륜

三聖閣 삼성각

觀音竹繞菩提路 관음죽요보리로
羅漢松圍般若臺 나한송위반야대
立絶俗塵憑慧劍 입절속진빙혜검
生起苦海有慈航 생기고해유자항

관음은 대나무로 둘러싸인 보리로(菩提路)에 계시고
나한은 소나무에 둘러싸인 반야당(般若堂)에 계시며
세속의 번뇌망상 지혜의 검으로 모두 끊고
모든 중생을 고해에서 자비롭게 구하시네.

㈜ 이 게송은 산신각에 계시는 나한님과 독성님의 공덕을 찬탄한 게송이다.

불 명 산 쌍 계 사
佛明山 雙溪寺

충남 논산군 양촌면 중산리 3번지

대한불교 조계종 제6교구 본산인 마곡사(麻谷寺)의 말사인 이 절은 한 때 김구(金九) 선생께서 머무신 곳으로도 유명하다.

그리고 쌍계사는 북향의 지형에 절이 있다는 것이 다른 절과 특이하다. 쌍계사 사지에 대해서는 확실히 전해 오는 문헌이 없다.

전설에 의하면 하늘 나라의 상제는 산수가 수려한 이 땅에 절을 하나 짓기로 마음먹고, 그의 아들을 이 땅에 내려보내 절터를 찾게 하였다.

상제의 아들은 지금의 쌍계사 부근에 내려와서 절을 지을 장소를 한참 물색하다가 맑은 물이 계곡을 따라 흐르는 것이 마치 신선지 같기도 한 지금의 장소를 선택하였다.

그리고 절을 짓기 위하여 사람들에게 진귀한 나무를 모아 오도록 지시하였다.

그때 지금의 대웅전에 있는 아름드리 칡나무 기둥도 모아 온 것이라고 한다.

이 절에는 많은 보물들이 있는데, 보물 제408호로 지정된 대웅전은 보존 상태가 좋고, 특히 대웅전의 문짝은 그 문살의 무늬가 교묘하여 국보급이다.

나한전에 안치된 16나한님도 조각의 솜씨가 비길 바 없이 정교해서 한 분 한분의 표정과 자세가 다 특이해서 볼수록 마음에 환희심이 일어난다.

大雄殿 대웅전

淨極光通達	정극광통달
寂照含虛空	적조함허공
却來觀世間	각래관세간
猶如夢中事	유여몽중사
雖見諸根動	수견제근동
要以一機抽	요이일기추

맑음 다한 빛 통달함이여
고요히 저 허공 다 비추네.
다시 세간을 관찰해 보니
모두가 꿈속의 일과 같도다.
비록 모든 근원의 움직임 보일지라도
요컨대 단번에 뽑아 버릴지어다.

㊟ • 극광(極光) … 극히 아름다운 빛, 즉 깨달음에서 오는 광명.
• 각래(却來) … 마음의 번뇌를 물리친 다음…….
• 근(根) … 모든 번뇌의 근원, 즉 육근(六根) 등.
• 추(抽) … 버리다, 뽑아 버리다, 물리치다.

冥府殿 명부전

地藏大聖威神力	지장대성위신력
恒河沙劫説難盡	항하사겁설난진
見聞瞻禮一念間	견문첨례일념간
利益人天無量事	이익인천무량사

(글 : 지장경)

지장보살님의 크신 위신력이여
억겁을 두고 설명해도 다하기 어렵나니,
보고 듣고 예배하는 잠깐 사이에
인천(人天)에 이익된 일 무량하여라.

㈜ 지장보살을 찬탄하는 이 게송은 전국 어느 사찰의 지장전에서도 다 볼 수 있다. 그만큼 이 게송은 예로부터 많이 읽어 오던 게송이라고 생각된다. 지장전 앞에 서서 조용히 뜻을 음미하며 이 게송을 읊어 보면 마음에 커다란 환희심이 저절로 일어난다.

봉 수 산 봉 곡 사
鳳首山 鳳谷寺

충남 아산군 송악면 유곡리 봉수산 기슭에 있는 고찰

대한불교 조계종 마곡사의 말사인 이 절은 신라 51대 진성여왕(眞聖女王) 원년(887년) 2월에 도선(道詵)국사가 창건하였고, 산이 봉의 머리 같다고 해서 봉수산(鳳首山)이라 하였다 한다.

그 뒤 의종 4년 보조국사(普照國師)가 중창하여 절 이름을 석가암(釋迦庵)이라 하였고, 또는 이 산 뒤에 베틀바위의 전설로 유명한 돌석자를 따서 석암(石庵)이라고 불렀다 한다.

현존하는 당우로는 3칸의 대웅전을 중심으로 서쪽에 향각전(香閣殿)이 있고, 동쪽에 선실이 있으며 선실과 연결된 요사채가 있다.

요사채는 ㅁ자형 와가로서 매우 큰 건물인데, 지금은 매우 퇴락되어 지붕은 비가 새는 형편이다.

문화재로는 사보로 소장하는 영가집(永嘉集)과 문화제 51호로 지정된 고방이 있다.

특히 이 고방은 전국에 단 2개밖에 없는 귀중한 것이다.

그리고 이 절은 주변의 수려한 산세와 울창한 숲, 그리고 사철 흐르는 맑은 약수는 짙은 송림과 더불어 이 절의 명물이다.

지금은 비구니 스님들의 수도 도량으로 잘 다듬어지고 관리되어 있다.

절 입구에 세워진 '세계일화(世界一花)'라는 석탑은 만공선사의 부도인데, 세월이 흐르면 명물이 되리라 생각한다.

大雄殿 대웅전

天上天下無如佛	천상천하무여불
十方世界亦無比	시방세계역무비
世間所有我盡見	세간소유아진견
一切無有如佛者	일체무유여불자

(글 : 화엄경)

천상천하 어느 곳에도 부처님 같으신 분 없나니
시방세계에도 비교할 때 없네.
세상천지 내가 다 둘러보아도
부처님같이 존귀하신 분 다시 없도다.

㈜ 대웅전에 흔히 있는 이 주련 글은 평범한 내용이면서도 그 속에 한량없
이 귀중한 큰 법문이 들어 있는 귀중한 글이다. 도통경지에 들어간 어떤
스님이 세상의 모든 이치를 다 통달하고 난 다음 결론지은 이 말씀은,
길이 불자의 가슴에 커다란 감명을 안겨 줄 것이다.

寮舍 요사

夢跨飛鸞上碧虛　몽과비란상벽허
始知身勢如蘧廬　시지신세여거려
歸來錯認邯鄲道　귀래착인감단도
山鳥一聲春雨餘　산조일성춘우여

(글 : 진국대부인. 글씨 : 탄허)

꿈속에 난새를 타고 하늘에 올라
비로소 이 세상이 주막인 줄 알았네.
돌아오며 '감단'의 길 낯설기만 낯설은데
외마디 산새소리, 봄비는 개고.

주 • 과(跨) … 걸터앉는 것. 타는 것.
• 난(鸞) … 신령스러운 상상의 새.
• 벽공(碧空) … 푸른 하늘.
• 신세(身世) … 세상.
• 호로(遮蘆) … 여관. 주막.
• 착인(錯認) … 잘못 아는 것.
• 감단(邯鄲) … 중국 조(趙)나라의 수도.

태화산 마곡사
泰華山 麻谷寺

충남 공주시 사곡면 운암리 567

대한불교 조계종 제6교구 본산인 이 절은 창건 유래에 대해서 두 가지 설이 있다.

첫번째는 640년(선덕여왕 9년)에 당나라에서 귀국한 자장(慈藏)율사가 선덕여왕으로부터 하사받은 전(田) 2백 결로 절을 지을 터를 물색하다가 통도사, 월정사와 함께 이 절을 지었다고 한다.

자장이 절을 완성하고 낙성식을 할 때 그의 법문을 듣기 위해 찾아온 사람들이 삼밭에 삼대와 같이 빽빽이 많았다고 해서 마(麻) 자를 넣어 '마곡사'라고 하였다는 설이 있다.

두 번째 설은 신라의 승 무선(無禪)이 당나라로부터 돌아와서 이 절을 지을 때 스승인 마곡보철(麻谷普徹)을 사모하는 뜻에서 마곡사라고 하였다는 설과, 절을 세우기 이전에 이곳에 마씨(麻氏) 성을 가진 사람들이 살았기 때문에 마곡사라고 하였다는 설도 있다.

창건 이후 이 절은 신라말부터 고려초까지 약 200년 동안 폐사가 되어 도둑들의 소굴이 되었던 것을, 1172년 보조국사(普照國師)가 제자와 함께 왕명을 받고 중창하였다.

보조국사가 절을 중창하려 할 때 도둑들에게 물러갈 것을 명하였으나 도둑들은 듣지 않고 오히려 국사를 해치려 하였다.

이에 국사가 공중으로 몸을 날려 도술로서 많은 호랑이를 만들어 도둑들에게 달려들게 했더니 도둑들이 혼비백산하여 달아나 버리거나, 혹은 반성하고 착한 사람이 되겠다고 맹서하였다 한다.

유서 깊은 이 절은 그 터가 명당터이며, 물과 산의 형태가 태극형이라고 하여 '택리지' '정감록' 등 여러 비전(秘傳)에서는 전란을 피할 수 있는 십승지(十勝地)의 하나로 손꼽고 있다.

이 절의 영산전(靈山殿) 현판은 세조 임금의 글씨이고, 대웅전(大雄殿) 현판은 김생(金生)의 필적이라고 한다.

大光寶殿 대광보전

淨極光通達	정극광통달
寂照含虛空	적조함허공
却來觀世間	각래관세간
猶如夢中事	유여몽중사
雖見諸根動	수견제근동
要以一機抽	요이일기추

맑음 다한 빛 통달함이여
고요히 저 허공 다 비추네.
다시 세간을 관찰해 보니
모두가 꿈속의 일과 같도다.
비록 모든 근원의 움직임 보일지라도
요컨대 단번에 뽑아 버릴지어다.

㊟ • 극광(極光) … 극히 아름다운 빛, 즉 깨달음에서 오는 광명.
 • 각래(却來) … 마음의 번뇌를 물리친 다음 ……
 • 근(根) … 모든 번뇌의 근원, 즉 육근(六根) 등.
 • 추(抽) … 버리다, 뽑아 버리다, 물리치다.

冥府殿 명부전

地藏大聖誓願力　지장대성서원력
無盡衆生放人間　무진중생방인간
十殿照律地獄空　십전조율지옥공
恒沙衆生出苦海　항사중생출고해

(글 : 지장경)

지장보살님의 크신 원력의 힘이여!
끝없이 많은 중생 세간에서 건지시고
시왕전 심판하여 지옥을 비우시며
항하사같이 많은 중생 고해에서 구하시네.

㈜ • 십전(十殿) … 저승에 있다는 10명의 왕이 있는 곳.
　• 조율(照律) … 법을 잘 적용함.
　• 항사(恒沙) … 恒河沙(항하사). 무한히 큰 수.

應眞殿 응진전

塵點劫前早成佛　진묵겁전조성불
爲度衆生現世間　위도중생현세간
嵬嵬悳相月輪滿　외외덕상월륜만
於三界中作導師　어삼계중작도사

(글 : 석문의범)

한없이 오랜 옛적에 이미 성불하여서
중생 제도 위해 이 세상에 오시니
덕 높으신 부처님 상호 보름달처럼 원만하여
삼계 가운데 큰 스승이 되시네.

靈山殿 영산전

空生大覺中	공생대각중
有漏微塵國	유루미진국
皆依空所生	개의공소생
如海一漚發	여해일구발
漚滅空本無	구멸공본무
況復諸三有	황부제삼유

공(空)은 큰 깨달음 속에서 생겨나지만
완전히 번뇌를 없애지 못하니
이는 모두 공이라는 것이 생기는 탓이로다.
마치 바다의 거품 하나 일어남이니
거품 멸하면 공은 본래 없는 것을
항차 모든 삼계도 역시 다를 바 없느니라.

㉾ • 유루(有漏) ⋯ 번뇌에 얽매어 깨달음을 얻지 못한 범부의 경지.
　 • 미진(微塵) ⋯ 아주 작고 변변치 못한 것.
　 • 삼유(三有) ⋯ 삼계, 또는 본유, 당유, 사유의 3가지 단계.

大雄寶殿 대웅보전

古佛未生前	고불미생전
凝然一相圓	응연일상원
釋迦猶未會	석가유미회
迦葉豈能傳	가섭기능전
	(글 : 선가귀감)
本來非皂白	본래비조백
無短亦無長	무단역무장

옛 부처님 나기 전에
의젓한 동그라미
석가도 알지 못한다 했는데
어찌 가섭이 전하리.
본래 향기로운 백(白)도 아니며
짧지도 또한 길지도 않으니.

함라산 승림사
咸羅山 崇林寺

전라북도 익산군 웅포면 송천리

  대한불교 조계종 제17교구 본산인 금산사(金山寺)의 말사인 이 절은 확실한 창건 연대는 알 수 없고 다만 백제말 창건되었고, 고려 충숙왕 원년(1345년)에 중창되었다고만 전해지고 있다.

  숭림사(崇林寺)라는 명칭은 선종의 초조(初祖)인 달마대사가 중국 하남성 숭산(崇山)의 소림사(小林寺)에서 9년간 벽을 행해 좌선하였다는 고사에 유래된 것으로 숭산의 '숭'과 소림사의 '림'자를 따서 '숭림사'라고 지었다고 전해지고 있다.

  그 후 임진왜란 때 본전인 보광전만 남고 모두 불에 탄 것을 10년 뒤 겨우 우화루만 재건한 채 수세기 동안 이렇다 할 사적도 없이 거의 폐허상태로 방치되었다가 1923년에 이르러 황성열 스님이 보광전을 중수하고 나한전을 새로 지어 사찰의 모습을 겨우 갖추게 되었다.

  그러나 미약한 호서지방의 교세로 인해 번창하지 못하고 그 명맥만 유지하다가 지금의 주지인 지광 스님이 부임하여 피폐한 보광전을 비롯 사찰의 모든 건물을 중수하여 다시 사찰의 면모를 일신하며 호서지방을 대표하는 사찰로 발돋움하게 되었다.

  현재 경내에는 고색이 깃든 보광전을 비롯 우화루, 정혜원, 영원전, 나한전, 요사가 조화 있게 서 있고, 절 입구에는 종각불사가 한창 진행중이다.

  이 절의 문화재로는 지방문화재인 청동은사입사 향로가 있으며 1345년에 세워진 보광전은 다포계 양식의 맞배집 형태의 건축물로 비로자나불이 주불로 안치되어 있다.

  이 불상은 조선 광해군 5년(1613년)에 조성된 고불이다.

雨花樓 우화루

鶴樹潛輝示寂滅	학수잠휘시적멸
金剛舍利放光明	금강사리방광명
八千經卷胸中出	팔천경권흉중출
百億乾坤足下藏	백억건곤족하장

부처님 열반에 드셔 적멸상을 나타내니
변하지 않는 사리 광명을 발하네.
팔만사천의 경 마음속에서 나오니
온 천지가 이 아래 잠겼도다.

㊒ • 학수(鶴樹) … 부처님의 열반을 뜻함. 부처님이 열반에 들자, 수천 마
　　리의 학이 사라수 숲을 덮은 고사에서 온 말.
　 • 적멸(寂滅) … 생멸이 함께 없어져 무위적정한 상태.
　 • 금강(金剛) … 금강석과 같이 단단하고 변하지 않음.
　 • 흉중(胸中) … 마음속.
　 • 족하(足下) … 발 밑.

靈源殿 영원전

掌上明珠一顆寒　장상명주일과한
自然隨色辨來端　자연수색변래단
幾回提起親分付　기회제기친분부
暗室兒孫向外看　암실아손향외간

(글 : 香花請)

손바닥 위 한 개의 밝고 영롱한 구슬
색은 빛깔 따라 어김이 없어라.
몇 차례나 친절히 전해 주었건만
어리석은 아이들은 밖을 향해 찾도다.

㊉깨달음을 위한 수행처는 밖에 있는 것이 아니다. 오직 자신의 내면세
계인 마음자리에 있으므로 내면의 세계에서 찾아야 할 텐데, 어리석은
사람들은 그것을 모르고 항상 밖에 보이는 허상(虛像)에서 구하려 한
다. 이 게송은 그것을 경계한 가르침이다.

普光殿 보광전

一光東照八千土	일광동조팔천토
大地山河如杲日	대지산하여고일
卽是如來微妙説	즉시여래미묘설
不須向外謾尋覓	불수향외만심멱

광명이 동쪽 많은 국토에 비취니
온 천지가 해와 같이 밝구나.
부처님의 미묘한 설법도 이와 같으니
모름지기 밖을 향해 헛되이 찾지 말라.

㈜ 작가 미상인 이 게송도 참다운 진리의 깨달음은 자신의 내면세계에 있
다는 것을 일깨워 주는 교훈적인 게송이다.
 • 일광(一光) … 부처님의 밝은 법.
 • 팔천토(八千土) … 많은 국토, 팔만사천 국토.
 • 고(杲) … 밝음.
 • 향외(向外) … 외면의 세계를 향해.
 • 만심(謾尋) … 속아서 찾음.

천 호 산   개 태 사
天護山 開泰寺

충청남도 논산군 연산면 천호리

대한불교 법상종에 속하는 사찰인 이 절은 936년 태조가 후백제를 정벌한 기념으로 창건하였다 한다.

태조는 후백제의 신검(神劍)을 쫓아 황산(黃山) 숫고개를 넘어가서 마성에서 진을 친 뒤 신검에게 항복받고 삼국을 통일하였는데, 이것을 하늘의 도움이라고 생각하고 황산을 천호산이라 고쳐 부르고 그 산 밑에 절을 지어 '개태사'라 하였다.

창건 당시의 이 절은 극도로 사치스러웠고, 태조는 12월에 낙성법회에 친히 참석하여 소문(疏文)을 지었다.

그 뒤 이 절에는 태조의 영정이 설치되어 기일마다 제사를 지냈고, 태조의 옷 한 벌과 요대를 보관하였다.

국가의 중대사가 있을 때는 태조의 영전에 나아가 길흉을 점쳤는데, 1362년에는 공민왕이 이인복(李仁復)에게 이 영전 앞에 나아가 강화도로 천도할 것을 점치게 하였더니 불길하다는 점괘가 나왔으므로 천도를 중지하고, 다음해에 이인복을 다시 보내어 천도를 점치게 하였더니 길하다고 하였다고 한다.

그러한 역사가 있는 이 절은 조선초부터 퇴락하기 시작하였으며, 1428년 5월에는 이 절이 연산현에 있으면 풍년이 들지 않는다는 이유로 현재의 위치로 옮기게 되었다.

이 절에는 고려시대에 조성된 석조삼존불이 유명하다.

높이 4m에 달하는 거대한 불상은 제각기 다른 모습을 하고 있으며, 보존상태가 매우 좋아서 의상의 무늬까지 또렷이 잘 보인다.

요사는 특이하게 ㅌ자 집이며 그 규모가 넓고 크다.

절의 위치가 산속이 아니고 국도 변에 자리잡고 있어서 찾아가기는 쉬우나 분위기가 소란하다.

龍華大寶宮 용화대보궁

宮寶大華龍

龍華月出鷄龍天　용화월출계룡천
十方萬國大統化　시방만국대통화
十方唯一眞主皇　시방유일진주황
十方世界大活用　시방세계대활용
如是無量大眞光　여시무량대진광
唯有亞聖頻微笑　유유아성파미소

용화세계에 달이 뜨니 계룡산 천지가 열려
온 세상의 나라가 크게 하나로 뭉치니
온 세계의 유일하고 진실한 주인
온 세계를 크게 활용하시도다.
무량한 이 같은 큰 광명
오직 우리 부처님의 자비에 있나니.

㊿ 미륵불과 미륵세계를 찬탄한 게송이다.
- 용화(龍華) … 용화삼회. 즉 미륵이 성불한 다음 중생을 제도하는 법회.
- 주황(主皇) … 임금. 주인. 부처님.
- 아성(亞聖) … 우리 부처님.

봉 실 산   학 림 사
鳳實山 鶴林寺

전라북도 완주군 봉동읍 은하리 봉실산에 있는 절

　　대한불교 조계종 제17교구 본산인 금산의 말사인 이 절은 넓은 호남평
야가 한눈에 내려다보이는 봉실산 산상에 있어서 내려다보이는 전망과
낙조의 전경이 매우 좋다.

　　이 절의 창건 연대는 전해지는 바가 없으나 신라시대에 창건되었다고
하며, 그 뒤 나옹화상이 이 절을 중창하고 여기서 공부를 하였다고 한다.

　　이 절 뒤에 울창한 산은 마치 봉황새가 알을 품고 앉아 있는 형상과 같
다 하여 산 이름을 '봉실산'이라 하였는데, 그 봉의 모습이 마치 학과 같고
학이 숲을 뒤덮고 있다는 뜻으로 절 이름도 학림사로 하였다고 한다.

　　봉실산에는 예로부터 약초가 많다.

　　그래서인지 산 아래에도 여러 가지 약초재배가 많이 이루어지고 있으
며, 특히 이 절 아래 평야에서 생산되는 생강은 우리나라에서 유명하다고
한다.

　　비구니 선방으로 자리잡은 지금의 이 절은 선방과 아담한 요사가 조화
있게 잘 자리잡아서 이곳을 찾는 사람들에게 안정감을 안겨 준다.

　　시원한 약수를 마시고 넓은 평야를 한눈에 내려다보면 저절로 마음이
탁 트여 곧 견성할 것만 같다.

　　주련 글씨는 청화(淸華) 스님이 쓰셨다고 한다.

佛身充滿於法界	불신충만어법계
普現一切衆生前	보현일체중생전
隨緣赴感靡不周	수연부감미부주
而恒處此菩提座	이항처차보리좌
佛智圓明無罣碍	불지원명무가애
威光遍照濟衆生	위광변조제중생

부처님은 온 법계에 가득히 계시며
항상 모든 중생들 앞에 나타나시네.
인연 따라 다다라서 두루 보살펴 주시고
그리고 모든 곳에 지혜 베풀어 주시네.
원만한 부처님의 지혜 거리낌이 없어
모든 중생 남김없이 제도하시네.

㈜ • 원명(圓明) … 밝고 원만함.
　• 무가애(無罣碍) … 거리낌이 없음.
　• 위광(威光) … 부처님의 위대한 힘.

가 섭 산　미 타 사
迦葉山　彌陀寺

충청북도 음성군 소이면 비산리 가섭산 동쪽 기슭

대한불교 조계종 제5교구 본산인 법주사의 말사인 이 절은 정확한 창건 연대는 알 수 없으나, 현존하는 사찰의 유물로 보아 고려말 이전에 창건한 것으로 추정된다.

그러나 임진왜란 때 전소하여 폐사가 되었다고 한다.

1964년 이 폐사지에 수덕사의 비구니 명안(明岸) 스님이 중창의 원력을 세우고 1965년 8칸의 당우를 건립하였는데, 그때 고승 금오(金烏) 대사와 혜암(惠庵) 대사가 와서 이 절터는 수도자가 도를 깨칠 만한 곳이라고 말하였다 한다.

그 뒤 14년이 지난 1979년에 사역대확장 작업과 함께 흙벽 8칸의 기와집을 헐고 그자리에 정면 3칸, 측면 2칸의 다포집 대웅전과 삼성각, 선방 등을 세워 오늘에 이르고 있다.

대표적인 유물로는 고려말의 작품으로 추정되는 높이 90 cm의 석조 아미타 여래상과 충청북도 유형문화재 제130호인 높이 230 cm의 마애불이 있다.

특히 아미타여래상은 이 절을 중창할 때 주지스님 꿈에 나타나서 절을 중창하도록 말하였다는 전설이 있다.

지금은 비구니들의 공부하는 수도 도량으로 잘 발전하고 있다.

極樂殿 극락전

無量光中化佛多　무량광중화불다
仰瞻皆是阿彌陀　앙첨개시아미타
應身各挺黃金相　응신각정황금상
寶髻都旋碧玉螺　보계도선벽옥나

무량한 광 속에 백억의 화신불
우러러보니 모두가 아미타불이네.
응신마다 각각 황금빛 나타내시고
보계엔 벽옥의 나발 두루셨네.

㊀ • 화불(化佛) … 화신불(化身佛)의 준말.
• 앙첨(仰瞻) … 우러러봄.
• 응신(應身) … 응신불(應身佛)의 준말. 삼신불의 하나. 응신으로서의
부처님, 즉 석가여래를 말함.
• 보계(寶髻) … 부처님 머리 위에 있는 상투.
• 나(螺) … 螺髮(나발). 소라 껍데기처럼 틀어말린 부처님의 머리털.

● 저자 소개

청남 권 영 한

1931년 경북 안동 출생
연세대학교 졸업
안동불교대학 교수 역임
현 덕은불교대학 교수
대표 저서
 「재미있는 나무이야기」 (전원문화사)
 「예불하는 마음에 자비를」 (전원문화사)
 「우리 사찰의 벽화 이야기」 (전원문화사)
 「불교 예절」 (전원문화사)
 「한국사찰의 주련(제 1 집)」 (전원문화사)

한국 사찰의 주련 Ⅱ

2016년 9월 10일   2판 1쇄 발행

저   자 * 권영한
펴낸이 * 남병덕
펴낸곳 * 전원문화사

07689 서울시 강서구 화곡로 43가길 30. 2층
        T.02) 6735-2100 . F.6735-2103

E-mail * jwonbook@naver.com

등록 * 1999년 11월 16일   제1999-053호